GÜTERSLOHER
VERLAGSHAUS

Margot Käßmann
Konstantin Wecker (Hg.)

ENTRÜSTET EUCH!

Warum Pazifismus für uns das Gebot der Stunde bleibt

Texte zum Frieden

Gütersloher Verlagshaus

INHALT

KLASSISCHE TEXTE ZUM FRIEDEN

LIEDER ZUM FRIEDEN VON KONSTANTIN WECKER

»Dass der Krieg ein Verbrechen ist, das wagen heute auch die nicht mehr zu bestreiten, die noch an seine ›Unvermeidlichkeit‹ glauben. Sie sind nur der Meinung, daß immer der Gegner es sei, der dies Verbrechen verursache. Erst wenn wir erkennen, daß wir alle diese Verbrecher sind durch den Glauben an diese Unvermeidlichkeit, erst dann werden wir mit Erfolg die Wege beschreiten, die dieses größte Verbrechen der Menschheit an der Menschheit selbst auszulöschen vermögen.«

Helene Stöcker (1928)

VORWORT

Das Jahr 2014 hatte einen besonderen Klang und führte uns die grausamen Seiten des Krieges wieder vor Augen: 100 Jahre sind seit dem Beginn des Ersten Weltkrieges vergangen, 75 seit dem Beginn des Zweiten Weltkrieges. Zeit für ein entschiedenes Eintreten für Frieden, oder?

Aber das Jahr hat in der Frage von Krieg und Frieden ganz andere Maßstäbe gesetzt. Es begann mit einem Plädoyer des Bundespräsidenten bei der Münchener Sicherheitskonferenz dafür, dass Deutschland mehr internationale Verantwortung übernehmen solle. Gemeint war nicht etwa humanitäre Verantwortung, für deren Intensivierung sich eine große Mehrheit der Deutschen ausspricht, sondern die militärische.

Auch der Ukrainekonflikt sorgte im letzten Jahr für Aufsehen und brachte die schwierige Balance zwischen dem NATO-Bündnis und Russland noch mehr ins Wanken. Im Nachgang zu den Irakkriegen trat eine Terrorgruppe, die sich »Islamischer Staat« nennt, ins internationale Bewusstsein. Die martialischen Grausamkeiten, mit denen sie einen islamischen Gottesstaat zu errichten versucht – und dabei vor allem viele Muslime ermordet –, schreckte die westliche Welt. 2014 wurde außerdem aufgedeckt, dass die CIA systematisch und brutal gefoltert hat – im Namen der Freiheit. Die Bundesrepublik lieferte ganz offiziell Waffen an eine Bürgerkriegspartei im Nord-Irak. Zudem zeigte sich, dass immer wieder versucht wird, Rüstungsexporte aus Deutschland an den geltenden Gesetzen vorbeilaufen zu lassen – um des Profits willen.

All das lässt diejenigen, die sich für Frieden engagieren, nahezu fassungslos zurück. Wie kann es sein, dass die Friedensbewegung, die immer wieder und vor allem in den 80er Jahren so viel beigetragen hat zur gewaltfreien Revolution von 1989, so verstummt ist? Wo ist die Empörung? Wo sind Demonstrationen wie die vom 15. Februar 2003, als allein in Berlin eine halbe Million Menschen auf die Straße gingen, um gegen den Irakkrieg zu demonstrieren?

In einer Zeit, in der Pazifismus belächelt und verspottet wird, ist es wichtig, dass Menschen verschiedenster Herkunft und Motivation sich wieder zusammentun. Frieden ist keine Illusion, Frieden ist machbar. Wir können uns *ent*-rüsten!

Diese Stimme soll nicht verklingen, sie steht in guter und langer Tradition.

Unsere Hoffnung ist, dass dieses Buch die Stimme des Pazifismus wieder hörbar macht, im Jahr 2015 und darüber hinaus.

Margot Käßmann und Konstantin Wecker

FÜR EINE STARKE STIMME DES PAZIFISMUS –
Margot Käßmann und Konstantin Wecker befragt von Matthias Morgenroth

Morgenroth: Frau Käßmann, Sie sind sich schon im Klaren darüber, auf wen Sie sich da eingelassen haben als Bündnispartner!? Konstantin Wecker ist ein hartgesottener linker Anarchist – außerdem einer, der auf der Bühne am Klavier, bei den Liedtexten, genauso wie in seinen Musikstücken klar macht, dass in ihm ein sehr männlicher Kämpfer steckt, wenn auch ein friedfertiger. Und dann ist er auch noch aus der Kirche ausgetreten.

Käßmann: Na, darüber wollen wir noch reden. Ich habe nie Mühe gehabt, mich mit Menschen zu treffen und zusammenzutun, die ähnliche Ziele verfolgen – wenn auch aus anderen Motiven. Da habe ich keine Berührungsängste.

Morgenroth: Umgekehrt gilt natürlich dasselbe, Herr Wecker: Frau Käßmann ist als Ex-Bischöfin der Hannoverschen Landeskirche und als Ex-EKD-Ratsvorsitzende eine Frau des Establishments, als amtierende Luther-Botschafterin sitzt sie in unzähligen Gremien. Eine Frau, die gezeigt hat, dass die Kirche eine weibliche Seite hat: Erschreckt Sie das alles nicht?

Wecker: Im Gegenteil. Das begeistert mich. Ich habe immer wieder Kommentare von ihr gelesen, etwa damals vor dem Afghanistan-Krieg. Da habe ich mir gedacht: Mensch, diese Frau hat Mut! Und das steht in einer Linie mit der von mir sehr verehrten Dorothee Sölle, deren Buch »Mystik und Widerstand« ich jetzt wiederentdeckt habe und von dem ich völlig hingerissen bin. Dieser Mut beschäftigt mich zurzeit immer mehr. Zur Spiritualität zu stehen, die in einem wohnt, und trotzdem nicht auf das politische Engagement zu verzichten. Sich nicht zurückzuziehen in die Gottessuche, sondern diese zu verbinden mit der Suche nach einer friedlicheren und gerechteren Welt – da gibt es bei mir keine Berührungsängste, sondern ganz im Gegenteil: viel Bewunderung.

Käßmann: Das freut mich. In Ihrem Buch »Mönch und Krieger« habe ich dieses spirituelle Moment natürlich auch gefunden. Da gibt es für mich tatsächlich einen inneren Zusammenhang und da würde ich Dorothee Sölle sehr zustimmen. Sie hat mich früher auch immer ermutigt. Ich habe sie 1983 bei der Vollversammlung des Ökumenischen Rates der Kirchen in Vancouver erlebt. Die Evangelische Kirche in Deutschland wollte nicht, dass sie da auftritt. Dann stand sie da, diese kleine Frau, und sagte: Ich komme zu Ihnen aus »einem Land mit einer blutigen, nach Gas stinkenden Geschichte«. Die Empörung bei der deutschen Delegation war enorm. Aber sie hat ihre Botschaft rübergebracht.

Morgenroth: Wie haben Sie beide denn jetzt zusammengefunden?

Wecker: Ich hatte mich schon ein paar Mal im Internet für Frau Käßmann ausgesprochen, auch damals nach ihrem Satz, dass nichts gut sei in Afghanistan. Als sie jetzt nach einem SPIEGEL-Interview auf sehr unappetitliche Weise von mehreren Medien angegangen wurde, hat mir das überhaupt nicht gefallen. Ich musste meinem Ärger in einem Blogeintrag Luft machen.

Käßmann: Auf Ihren Kommentar bin ich aufmerksam gemacht worden, er hat mich sehr gefreut, weil ich damals viel Spott und Häme erlebt habe. Eigentlich bin ich solche Shitstorms gewohnt – diesmal fand ich es aber besonders erschreckend, weil die Äußerungen zeigten: Es gibt gar keinen Sinn für Pazifismus mehr, stattdessen bricht sich auf einmal so eine Kriegssprache Bahn. Vor 25 Jahren haben wir gesagt: »Gewaltfreie Revolution, jetzt muss der Krieg abgeschafft werden, und alles wird ganz anders!« 25 Jahre später bestücken wir Bürgerkriegsparteien mit Waffen aus Deutschland. Das empört mich wirklich, und da habe ich mich natürlich gefreut, in Konstantin Wecker jemanden zu finden, der seine Linie nie aufgegeben hat.

Morgenroth: Offensichtlich war es Zeit, dass Sie beide sich zusammentun, – *die* Gelegenheit, sich das zu sagen, was Sie sich schon immer mal sagen wollten.

Wecker: Da gäbe es viel, auch Themen außerhalb des Pazifismus, die mit meiner momentanen Suche zu tun haben. Ich würde über Religion und über die Kirche sprechen. Was darf die Kirche, was darf sie nicht? Ich bin ja aus der katholischen

Kirche ausgetreten. Papst Franziskus halte ich für großartig. Trotzdem wird er kein Grund für mich sein, wieder einzutreten, weil letztlich wahrscheinlich alles beim Alten bleibt. Irgendwann habe ich mal gesagt: Erst wenn eine Frau Papst wird, würde ich wieder in die katholische Kirche eintreten. Aber mit Ihnen, Frau Käßmann, würde ich sprechen. Zum Beispiel über die Notwendigkeit von mystischen Elementen. Eigentlich gilt die evangelische Kirche eher als nüchterne, als rationale Kirche. Die Offenheit für Mystik wird eher dem Katholizismus zugesprochen, obwohl vieles daran wohl eher Scheinmystik ist – mehr Weihrauch als Mystik.

Käßmann: Ein spannendes Thema. Für mich ist die Kirche erst einmal einfach eine Verbindung der Gläubigen und keine Heilsvermittlerin. In der evangelischen Kirche, und das verstehe ich sehr gut, empfinden viele ein Defizit an Spiritualität. Andererseits muss ich sagen: In den letzten Jahren und Jahrzehnten ist Spiritualität auch wieder gewachsen, weil die Menschen Sinnlichkeit des Glaubens suchen. Die Reformatoren haben gesagt: Die Sinnlichkeit des Lebens – dazu gehören auch Familie und Sexualität im weltlichen Alltag – ist gutes Leben vor Gott. Diese Sinnlichkeit haben sie auch gezeigt, indem sie sich entschlossen, den Zölibat hinter sich zu lassen, zu heiraten und Familien zu gründen. Leider ist das Bewusstsein dafür ein wenig verloren gegangen durch die Konzentration auf das Wort. Aber wir praktizieren in den evangelischen Kirchen auch Schweigen, Meditation und Gebet. Pilgern ist ganz wichtig geworden in den letzten Jahren. Die evangelischen Klöster sind sehr gefragt.

Morgenroth: Ich frage noch einmal: Was ist der erste Berührungspunkt gewesen? Sie sehen sich zwar heute zum ersten Mal, werden sich vorher aber schon diverse Male wahrgenommen haben.

Wecker: Wenn ich an Margot Käßmann denke, dann denke ich an Pazifismus und daran, dass sie den Mund aufmacht. Das sind zwei Punkte, die für mich sehr maßgeblich sind. Margot Käßmann hat es vorhin schon zu Recht gesagt: Wir Pazifisten werden immer weniger. Die Stimme des Pazifismus versiegt. Dabei weiß ich nicht mal, ob ich in jedem Fall mit meiner pazifistischen Einstellung recht habe. Ich weiß auch nicht, ob ich eine pazifistische Haltung wirklich durchhalten könnte, wenn es mir persönlich an den Kragen ginge. Aber eines weiß ich als Künstler: Die Stimme des Pazifismus darf nicht verloren gehen. Wenn es diese Stimme nicht mehr gibt, dann wird auch die Idee verschwinden. Im Endeffekt bewirke ich, indem ich hier sitze und über den Frieden rede, genauso wenig wie Sie, wenn Sie forderten: »Wir müssen jetzt gegen jemanden Gewalt anwenden.« Unsere Meinung wird nicht wirklich gehört. Aber Ihre Stimme wäre eine, die das Gleiche fordert wie 99 Prozent der Menschen und meine Stimme gehörte zu dem restlichen einen Prozent. Diese Stimme möchte ich wenigstens bewahrt wissen. Sie darf nicht verstummen, das ist mir sehr wichtig. Denn eines ist sicher: Wir werden künftig entweder eine Menschheit haben, die ohne Kriege auskommt, oder eben gar keine Menschheit mehr.

Morgenroth: Die Stimme des Pazifismus ist am Versiegen. Sie war auch einmal die Stimme der Kirche, aber auch da wird sie immer leiser, nicht wahr, Frau Käßmann?

Käßmann: Ja, den Eindruck habe ich leider auch. Die Kirche – auch »meine« evangelische Kirche – hat sich wahrhaftig nicht mit Ruhm bekleckert. 1914 gab es Kriegspredigten, die den deutschen Soldaten, der mit Gott in den Krieg zieht, beschrieben haben. Es gab aber immer auch die anderen Stimmen wie Bischof Nathan Söderblom aus Schweden. Der hat 1914 alle Kirchenführer Europas angeschrieben und gesagt: Es kann doch nicht wahr sein, dass Christen gegen Christen in den Krieg ziehen! Doch Verantwortliche der Kirchen in Deutschland, Frankreich und England haben zurückgeschrieben: Jetzt ist die Stunde der Nation! 1939 war es leider genauso. Da haben die Deutschen wieder Waffen gesegnet. Heute hat sich da viel geändert, deshalb bin ich nicht total pessimistisch. 62 Prozent der Deutschen wollen nicht, dass Waffen exportiert werden. In Deutschland gibt es viele, die noch wissen, dass der Krieg uns selbst, unser eigenes Land zerstört und so viel Elend mit sich gebracht hat. Das muss klar sein: Krieg führt am Ende immer zu Zerstörung.

Kürzlich habe ich zum hundertsten Todestag von Bertha von Suttner einen Vortrag gehalten. Sie war nicht kirchlich, aber ihre Geschichte hat mich sehr begeistert, weil sie dazu aufrief, die Waffen niederzulegen. Sie war die erste Frau, die den Friedensnobelpreis bekommen hat, weil sie bis zuletzt versucht hat, den Ersten Weltkrieg zu verhindern. Sie wurde auch belächelt und verlacht; Stefan Zweig hat nach dem Ersten Weltkrieg allerdings gesagt, dass er alles zurücknimmt, was er damals gegen sie gesagt hat, weil sie am Ende recht damit hatte, dass dieser Krieg nur zerstört.

Morgenroth: Der Zweite Weltkrieg war sicherlich der Einschnitt, der ein radikales Umdenken mit sich gebracht hat – bis in die Familien hinein. Herr Wecker, Sie sind 1947 geboren, zwei Jahre nach dem Zweiten Weltkrieg. Inwiefern hat dieser Bezugspunkt – das totale Ende der europäischen Kultur – Sie auf den Weg des Friedens gebracht?

Wecker: Ich konnte gar keinen anderen Weg gehen, weil ich Glück hatte mit meinen Eltern. Mein Vater hat in der Nazi-Zeit den Kriegsdienst verweigert, gar nicht so sehr aus einer großen Idee heraus, sondern weil er einfach niemanden umbringen wollte. Er war ein sehr sanfter Mann. Er hat ein Riesenglück gehabt, dass der Offizier ihn für verrückt erklärt hat, anstatt ihn an die Wand zu stellen. Meine Mutter war auch aus einem »Nicht-Nazi-Haus«. Man kann nicht sagen, dass ihre Eltern Gegner des Regimes waren, aber sie waren auf jeden Fall keine Nazis. Meine Eltern waren keine Nazis. Ein großes Glück, denn so konnten wir über diese Zeit reden, als ich klein war. Und man darf eines nicht vergessen: Es fällt mir immer mehr auf, wenn ich mit jüngeren Leuten spreche: Meine Generation – 1947 bin ich geboren und damit ein Nachkriegskind – hat den Krieg in seinen Auswirkungen noch erlebt. Bei uns hier in München fuhr man noch Versehrte auf Rollwagen herum, weil sie keine Beine hatten. Da gab es noch ganz viele Kriegsverletzte. Und es gab überall zerbombte Häuser, die

Gefahr war alltäglich. Einem Schulkameraden, der mit einer Granate gespielt hat, hat es die Hand zerfetzt. Ich habe also die Auswirkung des Krieges noch erlebt. Deswegen sitzt dieses Gräuel noch viel mehr in meinem Kopf als bei jemandem, der heute 40 ist; der hat noch nie etwas vom Krieg gesehen, außer irgendwelche virtuellen Bilder, die er durch Computerspiele kennt. Das ist ein großer Unterschied. Die Zeitzeugen, die wirklich noch warnen könnten vor dem Krieg, sterben aus. So, glaube ich, ist der Krieg für viele Menschen der jüngeren Generation keine wirkliche Bedrohung mehr. Ich hatte Glück mit meinem Elternhaus, mit einem durchaus pazifistischen Vater.

Zu meinem Vater muss ich noch eine kurze Geschichte erzählen, weil sie wirklich wunderbar ist. Er ist 1914 geboren, also in einer Zeit, in der Väter normalerweise Patriarchen und autoritär waren und geradezu militärisch erzogen wurden. Er war ein wie gesagt sehr sanfter Mann und ich weiß noch, wie meine Mama, weil ich sehr frech war, immer gesagt hat: Du musst doch den Buben jetzt mal schlagen. Da sagte er immer »nein«. Irgendwann zog er mich dann mal ins Schlafzimmer und sagte: »Konstantin, mach die Tür zu! Konstantin, ich muss das machen für deine Mutter. Ich kann niemanden schlagen und schon gar nicht meinen eigenen Sohn. Ich haue jetzt aufs Bett und du schreist ›aua‹«. Also ein erstaunlicher Mann für diese Generation! Heute ist das natürlich viel eher anzutreffen, heute sind Väter anders. Die knuddeln ihre Kinder. Aber auch die Mama war toll. Ich werde die letzte Demo vor ihrem Tod nie vergessen: Zwei Jahre bevor sie starb war sie noch hier in München und hat gegen Nazis demonstriert. Auch bei der Demo gegen die Sicherheitskonferenz war sie dabei. Immer haben wir gesagt: Du musst aufpassen. Sie antwortete nur: Mir tut niemand was, ich bin eine alte Frau, ich stelle mich da hin, mich schlägt kein Polizist. Es war ein Elternhaus, in dem es mir schon in die Wiege gelegt wurde, diese Gedanken weiterdenken zu dürfen.

Morgenroth: Und politisch selbst aktiv werden zu dürfen.

Käßmann: Und politisch aktiv zu werden, das hat man mir auch gestattet; die Mama hat mich sogar richtig dazu animiert.

Morgenroth: Frau Käßmann, Sie sind 1958 geboren. Welche Rolle hat der Zweite Weltkrieg bei Ihnen gespielt? Wir befinden uns 1958 schon in der Phase der Wiederbewaffnung, es gibt erste Appelle und Demos, auch gegen die atomare Aufrüstung.

Käßmann: Bei mir hat sicher eine große Rolle gespielt, dass meine Familie aus Hinterpommern kommt und vertrieben wurde. Mein Großvater hatte gesagt: Vielleicht kommen die Russen nach Ostpreußen, aber niemals nach Pommern. Deshalb sind sie zu spät geflohen, wollten dann aber doch noch mit dem letzten Zug weg. Meine Tante kam in die Wehen mit dem dritten Kind, daher haben sie sie nicht mitgenommen. Die Sowjetarmee rückte an und hat meinen Großvater verschleppt. Der starb auf dem Zug nach Sibirien. Meine Großmutter und die Tante mit den drei kleinen Kindern haben da ein schreckliches Jahr erlebt, mit Vergewaltigung und Gewalt. Das muss entsetzlich gewesen sein, sie sind dann zu Fuß nach Hessen, wo die Schwester meiner Großmutter ein Haus hatte. Meine Mutter hat den Krieg in Berlin als junge Krankenschwester erlebt, mit allem Grauen. Sie wurde mit ihrem Krankenhaus nach Rügen evakuiert und hat von da ein Schiff genommen – von Sassnitz –, das letzte Schiff, als die Sowjetarmee anrückte. Sie wurde in Dänemark interniert, das war auch ziemlich heftig. Sie durften nicht nach Deutschland, weil die Engländer sagten, Norddeutschland sei schon voll genug mit Flüchtlingen. Die Dänen hassten die Deutschen verständlicherweise. In dem Lager sind viele Kinder gestorben. Nach zwei Jahren durfte meine Mutter dann raus, aber das hieß: Verlust der Heimat, Flüchtling sein, nichts haben, keine Wohnung, irgendwo ankommen. All das war sehr präsent in meiner Kindheit. Meinen ersten Tagebucheintrag habe ich 1968 geschrieben. Darin ging es um die Sowjetarmee, die in Prag einmarschiert ist. Da war ich zehn. Das hat meine Familie ungeheuer beschäftigt. Die Angst vor dem Krieg war groß.

Morgenroth: Und es wurde darüber gesprochen?

Käßmann: Ja, es wurde darüber gesprochen. Bei uns wurde auch nicht verheimlicht, was da an Vergewaltigung und anderem passiert ist. Mich hat schon als Kind die Vorstellung geprägt, dass Krieg entsetzlich ist und dass du alles tun musst, ihn zu verhindern, weil er Leben zerstört. Das war immer Thema für mich.

Morgenroth: Jetzt haben wir eine Generation relativ gewaltfreier Erziehung hinter uns, haben uns darüber aufgeklärt, dass Kinder, die geschlagen werden, möglicherweise selber zu Schlägern werden. Trotzdem sind nicht alle zu Pazifisten erzogen worden.

Wecker: Da muss ich kurz einhaken. Ich habe das Glück, befreundet zu sein mit dem, wie ich finde, größten derzeitigen Psychoanalytiker – mit dem 91-jährigen wunderbaren Arno Gruen. Er hat immer wieder in Gesprächen und in seinen Büchern betont, dass gewalttätige Erziehung nicht unbedingt mit körperlicher Gewalt zu tun haben muss. Es gibt auch eine ganz andere Art von Gewalt. In seinem Buch »Verlust des Mitgefühls« beschreibt er das sehr schön. Es ist nicht gut, sein Kind durch Leistungsanforderungen anzutreiben. Da stehen unausgesprochene Sätze im Raum: Ich liebe dich, wenn du ein gutes Abitur machst, ich liebe dich, wenn du Chef der Deutschen Bank wirst, oder wie auch immer. Das ist auch eine Art der Gewalt. Es gibt noch ein Buch von Arno Gruen: »Wider den Gehorsam«. Das ist sein jüngstes, ein wunderbares Büchlein. Dass Kinder einen Widerstand gegen Gehorsam haben, das erfordert ja auch von Eltern eine gewisse Größe. Antiautoritär heißt für mich in erster Linie, dass ein Kind gegen die Autorität des Vaters und der Mutter etwas haben kann. Es bedeutet nicht laissez faire (einfach alles machen lassen), sondern erst mal, Autoritäten in Frage stellen zu dürfen. Trotzdem gibt und gab es Gewalt in der Erziehung, auch wenn sich diese nicht immer körperlich äußert.

Morgenroth: Das heißt: Die Leistungsgesellschaft ist eine gewalttätige Gesellschaft!?

Wecker: Zweifellos ist das eine gewalttätige Gesellschaft und man merkt, dass sie Kriege braucht, um sich am Leben halten zu können.

Morgenroth: »Den meisten ist es peinlich noch zu fühlen« heißt es in Ihrem Lied »Empört euch«. Ist mangelndes Mitgefühl das Problem?

Wecker: Mangelndes Mitgefühl – in den letzten Jahren habe ich immer mehr das Gefühl, dass dies das Hauptproblem unserer Gesellschaft ist: Wir klammern das Mitgefühl aus. Im Sinne der Leistungsgesellschaft ist es ja schon fast etwas Lächerliches. Es gibt diesen Satz: Mitgefühl kann ich mir nicht leisten. Das klingt so, als wolle jemand an und für sich gern mitfühlend sein, könne es sich aber nicht leisten, weil es für seine Karriere hinderlich wäre.

60 Prozent der Deutschen sind gegen den Krieg. Das ist auch der Grund, warum ich immer noch so viel Mut habe und nicht zum Zyniker geworden bin. Ich erlebe es jeden Tag, wenn ich singe auf der Bühne: Da sind Hunderte, manchmal Tausende von Leuten, die die gleiche Sehnsucht haben wie ich. Und jeder tut etwas auf seinem Gebiet: Da gibt es zum Beispiel Lehrer, die an alternativen Projekten arbeiten. Es ist spannend zu erleben, was da passiert. Wenn ich vorhin gesagt habe, die Stimme des Pazifismus darf nicht sterben, dann meinte ich auch, dass sie in der medialen Öffentlichkeit nicht sterben darf.

Käßmann: Das sehe ich genauso. Ich war lange Präsidentin der Zentralstelle für die Beratung von Kriegsdienstverweigerern. Wir sind ja im Moment ein bisschen im Schlaf, weil die Wehrpflicht ausgesetzt ist. Aber da haben wir gesehen: Die Wehrpflicht ist im Grunde von den Wehrpflichtigen abgeschafft worden, weil es immer weniger waren, die überhaupt zur Bundeswehr gehen wollten. Und jetzt hat die Bundeswehr ein Riesenproblem, überhaupt Rekruten zu finden. Sie muss jetzt alle möglichen Anreize schaffen. Ich glaube, dass es so eine große Lust auf Krieg in Deutschland wahrhaftig nicht gibt. Da hat Deutschland etwas gelernt. Ich bin dankbar, dass es eine Lerngeschichte gibt, aber ich finde: Man macht es sich zu leicht, wenn man den Pazifismus als naiv hinstellt. Problematisch finde ich Argumentationen wie bei der Kriegsdienstverweigerung in der 70er-Jahren, da hieß es: Wenn Ihre Freundin neben Ihnen vergewaltigt wird, da würden Sie doch auch eingreifen. Und jetzt heißt es: Wir können ja Frau Käßmann mal aus dem Hubschrauber über dem IS-Gebiet abwerfen, was würde sie dann tun mit ihrem Pazifismus? Das finde ich perfide! Da wird nicht gefragt: Wie ist eigentlich dieser Konflikt entstanden, was hätte vielleicht präventiv gemacht werden können? Hat der Irakkrieg 2003 mit 130 000 toten Irakern und haben nicht auch die Folterer der CIA vielleicht etwas damit zu tun, dass unsere Demokratie in vielen Regionen dieser Erde überhaupt nicht so attraktiv erscheint? Immer kommt dieser Schlusspunkt, wo es heißt: Jetzt geht nur noch Gewalt und ihr wisst doch, was in Ruanda passiert ist. Auch in Ruanda hätte man viel früher versuchen können, die ethnischen Konflikte zu lösen, von denen alle wussten. Aber keiner hat Geld in die Lösung der Konflikte investiert. Oder noch ein Beispiel: der Kosovo-Konflikt. Ich habe einmal Ibrahim Rugova erlebt, der reiste durch Europa und sagte händeringend: Leute, schaut hin, da zeichnet sich ein entsetzlicher Krieg ab, ein Völkermord, wir müssen da intervenieren, und alle haben gesagt: Komm, wo ist überhaupt das Kosovo, wer will schon investieren in so ein Land? Und als es dann so weit war, da waren auf einmal die Waffen da. Wir reden immer von Ultima Ratio, aber nie von Prima Ratio. Die Stimme des Pazifismus verstummt dann unter diesem Pragmatismus: Wir müssen es jetzt tun und die deutsche Wirtschaft muss Waffen liefern.

Morgenroth: Das Hauptargument, das 2014 auf dem Grabstein des Pazifismus eingemeißelt wurde, ist: Pazifismus ist unterlassene Hilfeleistung. Wer jetzt nicht eingreift, nimmt das Sterben von zigtausend Unschuldigen in Kauf.

Wecker: Wobei die Hilfe ja auch ganz anders geleistet werden kann. Das ist ja das, was nie ernst genommen wird. Auch Friedensforschung wird nicht wirklich ernst genommen. Der Einsatz im Irakkrieg zum Beispiel war keine Hilfeleistung. Ich war im Irak, drei Wochen bevor die Amerikaner in Bagdad zu bomben begonnen haben. Das werde ich nie vergessen: Wir waren aus Deutschland mit einigen Leuten als Friedensdelegation von »Kultur des Friedens« dort. Es waren Israelis da, es waren amerikanische Friedensgruppen dabei, wir waren alle zusammen in einem Hotel. Es war sehr anrührend zu sehen, weil wir alle natürlich wussten: Wir können den Krieg nicht verhindern. So dumm waren wir nicht, dass wir gedacht hätten: Wenn wir nach Bagdad fahren, dann wird der Krieg nicht stattfinden. Aber wir wollten auch hier einfach die Stimme dagegen aufrechterhalten. Wir waren in einem Dichtercafé, dort trafen wir einen alten Dichter, der zu mir sagte: »Wissen Sie, wir haben gar nichts gegen die Amerikaner und wir würden auch gerne mal nach Amerika fahren, aber wenn die Amerikaner jetzt hier zu bomben beginnen, dann wird das Tor zur Hölle aufgemacht.« Und genau das ist passiert. Alles, was wir jetzt erleben, ist eine Folge dieses unseligen, schrecklichen Irakkrieges.

Morgenroth: Aber was sagen Sie denn ganz konkret auf den Vorwurf der unterlassenen Hilfeleistung?

Wecker: Ich sage, dass ich gerne bereit bin, Hilfe zu leisten, aber es muss eine Hilfe ohne Waffen sein. Das ist mein ganz persönliches Credo, mein Pazifismus. Ich möchte so weit gehen, dass ich mich lieber töten lassen würde, als zu töten. Ich würde von anderen nicht verlangen, dass sie genauso handeln, aber ich habe mich entschieden. Dabei weiß ich noch nicht einmal, ob ich das wirklich durchhalten würde, wenn es so weit wäre, weil ich ein sehr impulsiver Mensch bin. Es könnte durchaus sein, dass ich dann doch zurückschlage, wenigstens mit meiner Faust.

Käßmann: Ich kann das gut nachvollziehen und ich möchte zum Vorwurf der unterlassenen Hilfeleistung sagen: Natürlich kann ich auch dadurch schuldig werden, dass ich gegen militärisches Eingreifen argumentiere, das ist mir völlig klar. Das war auch allen Pazifisten in der Geschichte des Pazifismus klar, dass du so oder so schuldig werden kannst. Das heißt aber nicht: Ich wasche meine Hände in Unschuld, ich bin das Unschuldslamm und die anderen sind die Bösen. Aber wenn jetzt beispielsweise gesagt wird: Frau Käßmann macht es sich ja leicht, vom sicheren Schreibtisch aus gegen Waffen zu plädieren. Dann sage ich: Die anderen machen es sich doch genauso leicht, wenn sie vom sicheren Schreibtisch aus für den Waffeneinsatz stimmen.

Wecker: Da werde ich immer stinksauer. Wir machen es uns leicht! Als ob die es sich nicht leicht machen würden, wenn sie sagen: Lasst uns Waffen herstellen oder liefern! Keiner von denen, die sich dafür aussprechen, würde nämlich selbst in den Krieg ziehen. Und uns werfen sie vor, dass wir nicht in den Krieg ziehen wollen. Ich habe noch Respekt vor einem kämpferischen 20-jährigen oder 25-jährigen Mann, der sagt: Jetzt hol ich meine Waffen und nehme die Sache persönlich in die Hand. Ich heiße es nicht gut, aber ich habe davor mehr Respekt als vor alten Männern, die die Jungen in den Krieg schicken. Ich merke es ja an den Kommentaren im Internet. Da gibt es Äußerungen, die so unglaublich sind, dass ich mich frage: Leben wir wirklich in so verschiedenen Universen? Auch hier geht es nicht um die Frage: Ist deren Einstellung böse, ist meine gut? Ich denke in anderen Kategorien und frage mich: Was ist richtig und was falsch – aus meiner Perspektive? Was die Forderung nach Waffenlieferungen betrifft, so ist mir das alles zu undurchsichtig. Heute lieferst du noch Waffen an die eine Partei, und schon übermorgen werden sie von einer anderen erbeutet, die damit Dritte unterdrücken. Das ist doch das Elend. Der IS kämpft zurzeit unter anderem mit Waffen, die die Amerikaner den Irakern gegeben haben.

Käßmann: Das war ja in Afghanistan ganz ähnlich. Ich finde es nicht richtig, so zu tun, als wären diese Waffenlieferungen irgendeine Form von Lösung. Die Evangelische Kirche in Deutschland hat 2007 eine Friedensdenkschrift herausgegeben, da haben wir gesagt: Vom gerechten Krieg kann die Kirche nicht mehr sprechen. Es kann höchstens internationale Polizeieinsätze unter UN-Mandat geben, weil wir die Polizei nicht grundsätzlich ablehnen. Aber dann gibt es bestimmte Kriterien und ein Kriterium ist: Es müssen auch ein Ende und ein Ziel absehbar sein. Im Moment weiß ich zum Beispiel überhaupt nicht, was das Ziel ist. Sollen die 50 000 IS-Kämpfer getötet werden? Kann danach Frieden sein? Wie wächst denn Frieden? Durch Gewinn der Herzen der Menschen, hieß es immer. Aber die Herzen der Menschen hat man im Irak, glaube ich, durch keinen Einsatz der letzten entsetzlichen Kriegsjahre gewonnen.

Morgenroth: Im Herbst 2014 hat die EKD eine kleine friedensethische Stellungnahme veröffentlicht, darin heißt es: »Schutz von Flüchtlingen hat höchste Priorität«. Das Papier wurde von allen Seiten, links bis rechts, begrüßt. Darin ist nicht mehr die Rede davon, Frieden ohne Waffen zu schaffen. Da heißt es zwar im Hintergrund, dass es ein UN-Mandat geben sollte und dass langfristig gesehen die UN polizeiliche Funktionen übernehmen sollten. Aber grundsätzlich werden Waffenlieferungen gutgeheißen, weil man eben jetzt eingreifen müsse. Frieden schaffen ohne Waffen – davon ist keine Vision mehr da, auch nicht im Raum der Kirche.

Käßmann: Ich würde nicht sagen, dass es diese Vision im ganzen Raum der Kirche nicht mehr gibt. Aber natürlich habe ich wahrgenommen, dass in diesem Papier die pazifistische Haltung, die ich vertrete, nicht vorkommt.

Morgenroth: Eine sehr realpolitische Haltung zeigt sich darin – das Ganze ist aber nichts für Träumer.

Käßmann: Aber ich bin jemand, der sagt: Wir brauchen Träumer! Die Menschen, die mich in meinem Leben begeistert haben, waren Träumer. Helmut Schmidt hat ja gesagt: Wer Visionen hat, soll zum Arzt gehen. Ich dagegen glaube, wir brauchen Visionäre. Martin Luther King etwa war der Held meiner Jugend. Ich habe mal ein Austauschjahr als Schülerin in Amerika verbracht. Da habe ich Rassismus erlebt, den ich so in Deutschland nicht kannte – damals habe ich allerdings auch in einer Kleinstadt gelebt. Und dann habe ich angefangen, Martin Luther King zu lesen. Der war ein Visionär! Der Rassismus in Amerika ist heute sicher noch nicht überwunden, aber – ganz egal, wie man Obamas Politik jetzt anschaut – dass es überhaupt möglich ist, dass jemand mit dunkler Hautfarbe Präsident wird, das hat seinen Ursprung im damaligen Kampf gegen Rassismus. Martin Luther King ist sehr, sehr standhaft geblieben. Als viele andere in der Bewegung längst gesagt haben: Wir müssen das mit Gewalt lösen, hat er bei der Beerdigung von vier Schulmädchen eine wunderbare Rede gehalten und betont: Wir verraten unsere eigenen Ideale, wenn wir anfangen, mit der Waffe zu kämpfen.

Morgenroth: Otfried Preußler hat mal gesagt, Kinder haben ein Recht auf das gute Ende. Haben das Erwachsene nicht auch? Erzählen wir zu wenige Träume mit gutem Ende?

Wecker: Mir geht es da wie Margot Käßmann. Es waren die Träumer, die mein Leben bereichert haben. Es waren die Visionärinnen und Visionäre, dazu zähle ich übrigens auch die Mystiker. Warum der Traum so wichtig für mich ist? Ich glaube, wir müssen die Sache mal von einer anderen Seite aus betrachten. Viele Leute sagen zu mir: 1974 bist du angetreten und wolltest eine bessere Welt schaffen mit deinen Liedern. Jetzt schau dir die Welt an. Sie war definitiv in den 70er-Jahren gerechter, sie war sozialer, überhaupt keine Frage. Hast du versagt? Das frage ich mich natürlich auch. Aber ich bin nicht als Politiker, sondern als Künstler angetreten, und ich war ein Mosaiksteinchen neben vielen anderen. Ich glaube, wir haben deswegen nicht versagt, weil wir anderen Mut machen konnten, die ebenfalls Mosaiksteinchen sind. Drehen wir die Frage doch um! Fragen wir nicht: Haben wir eine bessere Welt geschaffen? Sondern: Wie sähe die Welt ohne uns aus? Das ist für mich die viel wichtigere Frage. Vielleicht wäre die Situation noch viel grausamer, als sie es jetzt ist. Vielleicht wären bestimmte Entwicklungen gar nicht möglich gewesen ohne uns Mosaiksteinchen. Mein Beispiel ist immer Sophie Scholl. Ich habe ein Lied geschrieben für Hans und Sophie Scholl, da heißt es: »Ihr habt gewartet, ihr seid geblieben, es geht ums Tun und nicht ums Siegen.«

Es gibt ein Foto, das zeigt, wie Sophie Scholl mit Hans Scholl einen Tag vor ihrer Hinrichtung eine Zigarette auf dem Gefängnishof raucht. Es zeigt eine Entspanntheit, die einfach unglaublich ist: Beide wissen, dass sie sterben werden, und trotzdem werden sie fast von einer fröhlichen Stimmung ergriffen, als sie sich dort zum letzten Mal begegnen. Sophie Scholl hat natürlich, wie wir alle wissen, das Hitlerreich nicht besiegen und den Krieg nicht verhindern können. Trotzdem wäre die Welt unendlich ärmer ohne diese Frau.

Diese Fragen werden immer aus einer bestimmten Sichtweise heraus gestellt: Was ist denn eine gerechtere Welt? Ich weiß es nicht, ich weiß nur, dass es viele Möglichkeiten gibt, um sie etwas gerechter zu machen. Ich habe aber kein umfassendes und systematisches Modell einer wirklich besseren Welt – dann wäre ich Ideologe und müsste der Welt wieder irgendeine Art von »Ismus« überstülpen. Das kann ich nicht, ich glaube auch, dazu fehlt es mir an Intelligenz, wie jedem anderen Menschen auch. Waren Hitler und Stalin etwa dazu in der Lage? Ich meine damit: Visionen und Träume sind etwas anderes als eine Ideologie, für die man zum Beispiel bereit ist, jemanden zu töten.

Morgenroth: Es gab ja ein paar Jahre, in denen aus den kleinen Mosaiksteinchen ein großes Mosaik wurde. Die Friedensbewegung. Sie waren beide dabei. Wir befinden uns jetzt Anfang der 80er-Jahre, die Blöcke stehen noch einander gegenüber ...

Käßmann: Bei der Friedensdemonstration im Hofgarten, da waren wir wahrscheinlich beide, oder?

Wecker: Da waren wir beide. Wir waren auch sicher bei einem der Künstler-für-den-Frieden-Konzerte mit Harry Belafonte. Ich durfte Harry Belafonte sogar begleiten.

Morgenroth: Was war Ihr Eindruck damals? Die Situation vor Augen, der Dritte Weltkrieg könnte kurz bevorstehen – Austragungsort selbstverständlich Mitteleuropa?

Wecker: Nein, das hatte ich damals so nicht vor Augen. Es war mir nur klar, dass es wichtig und notwendig ist, zum Beispiel gegen Pershing II vorzugehen. Aber ich hatte nicht annähernd so viel Angst vor einem wirklichen Dritten Weltkrieg wie jetzt.

Morgenroth: Warum?

Wecker: Weil es damals noch nicht so weit war. Vielleicht lag es auch nur daran, dass ich noch jünger und lockerer war. Aber damals war nicht die große Angst, es war eher eine Wut in mir, dass da wieder etwas losgehen sollte, von dem wir gedacht hatten, wir hätten es schon überwunden. Es war für mich wichtig, für den Frieden zu singen, für den Frieden einzutreten, aber eine Angst, wie ich sie heute um meine Kinder habe, hatte ich damals nicht.

Morgenroth: Wie haben Sie die Friedensbewegung erlebt, Frau Käßmann?

Käßmann: Ich hab die Friedensbewegung als eine erlebt, die es weit über Deutschland hinaus gab. Das war wirklich eine internationale Bewegung. Ich kann mich an ein Friedensgebet junger Christen am Hiroshima-Tag am Pazifik erinnern. Da waren Russen, Deutsche, Franzosen, Engländer, Ungarn, Tschechen – viele junge Leute, die das Friedensgebet gehalten haben. Es war mehr das Gefühl: Auf allen Seiten gibt es die, die Frieden wollen. Ich war auch der DDR-Friedensbewegung sehr verbunden. Da war zu sehen: Auf der anderen Seite der Mauer denken sie ja genau dasselbe wie du und ich! Ich muss sagen, wenn ich in der deutschen Geschichte auf etwas stolz bin, dann ist es die DDR-Friedensbewegung. Stolz bin ich darauf, dass aus den Kirchen in Ostberlin, Leipzig oder Dresden der Ruf »Keine Gewalt« auf die Straße getragen wurde. Ich glaube, vor 25 Jahren war das Gefühl ganz stark: Jetzt bricht eine neue Zeit an. Heute müssen wir zwar sagen: Okay, leider war das nicht der absolute Durchbruch zum Frieden. Aber die Möglichkeit war da, denke ich.

Wecker: Eigentlich ist das die Antwort auf die Frage: Ich hatte deshalb nicht so viel Angst, weil ich viel zuversichtlicher war. Ich trat ja zum Beispiel mit Joan Baez auf. Wenn man mit diesen Menschen auf der Bühne steht, dann hat man 70 000 Zuschauer – etwa in der Arena bei »Künstler für den Frieden«. In Ulm bei der »Friedenskette« waren es sogar 300 000 bis 400 000 Leute. Wenn man die Menschen da zusammenstehen sieht, dann tankt man natürlich eine ganze Menge Mut und Zuversicht.

Morgenroth: Christian Führer, einer der wichtigen DDR-Pfarrer bei der friedlichen Revolution 1989, hat gesagt: Keine Gewalt – das ist eigentlich für ihn die kürzeste Formel, auf die die Bergpredigt gebracht werden kann. Auch das war ja eigentlich eine Neuentdeckung der Kirchen.

Käßmann: Christian Führer ist nun leider dieses Jahr gestorben. Ich habe letztes Jahr noch eine Laudatio auf ihn in Bayreuth gehalten. Er war natürlich eine Symbolfigur. Er hat die Nikolaikirche in Leipzig geöffnet und es damit nicht immer leicht gehabt. In seiner Biografie erzählt er wunderbar, wie seine Kirchenoberen ihm gesagt haben: Wir müssen aufpassen, das Gleichgewicht halten. Wieso lässt du jetzt Stephan Krawczyk und Freya Klier da reden, die noch nicht mal Kirchenmitglieder sind? Aber er ist konsequent geblieben, auch nach der Revolution etwa beim Thema Irakkrieg. Die Friedensgebete gingen weiter und Christian Führer war bis zuletzt Pazifist, völlig eindeutig und beeindruckend. Er hat einiges riskiert, aber er kannte das schon seit seiner Kindheit. Sein Vater war auch Pfarrer und es hat lange gedauert, bis er aus dem Krieg zurückkam. Das waren alles imposante Gestalten. Friedrich Schorlemmer, der ja noch lebt, hat 1983 beim Kirchentag in Wittenberg tatsächlich ein Schwert zum Pflug umschmieden lassen. Die Demonstranten wurden verhaftet für ihre Aufnäher »Schwerter zu Pflugscharen«. Ein Zitat des Propheten Micha war staatsgefährdend. Ich fand das damals ein wunderbares Zeugnis, dass die Bibel für einen Staat so gefährlich werden kann.

Wecker: Wenn ich da anknüpfen darf: Wir werden heute nicht verhaftet und wurden es auch damals nicht. Dorothee Sölle hat in ihrem Buch aber sehr schön beschrieben, wie wir stattdessen mundtot gemacht werden. Sie spricht von Trivialisierung. Es gibt für sie zwei Möglichkeiten, Menschen zu unterdrücken. Die eine ist: Du unterdrückst durch staatliche Gewalt alles, was anders ist. Die zweite Möglichkeit hat speziell der Neoliberalismus mit seiner Werbung und PR perfektioniert. Er schafft es, alles zu trivialisieren. Du darfst alles, du kannst dir jeden Aufkleber anheften, aber es bedeutet nichts mehr. Das ist eine große Gefahr. In den letzten zehn Jahren fiel mir das bei jüngeren Leuten auf. Es war einfach nicht mehr sexy, sich zu engagieren. Sexy ist es, sich in Einkaufszonen aufzuhalten und zu H & M zu gehen. Demonstrieren oder Friedensgebete sind nicht mehr angesagt. Anfang der 80er war das sogar für die junge Generation »in«. Heute sind ganz andere Dinge »in«. Ich glaube, das ist schon vor 20 Jahren von Think-Tanks geschickt eingefädelt worden. Ich bin der Meinung: Nach der Revolution der 68er hat die Konterrevolution vollständig gesiegt und uns über 20 Jahre hinweg gehirngewaschen.

Käßmann: Und gleichzeitig sagen die Soziologen heute: Es gibt eine Karnevalisierung der Gesellschaft. Alles ist total hedonistisch, du machst nur noch, was dir Spaß macht, und alles muss dann auch Spaß machen.

Wecker: Schön! Von der Trivialisierung zur Karnevalisierung.

Käßmann: Wenn es keinen Spaß macht, machst du es nicht.

Morgenroth: Ich komme noch mal auf die Friedensbewegung zurück. Die Jugend hatte damals etwas entdeckt, was gegen die eigenen Kirchenleitungen ging. Die Friedensbewegungen hätten wirklich ein Erfolgsmodell werden können oder vielleicht sind Sie es auch noch. Die direkte Botschaft des Mannes aus Nazareth, die schlagwortartig »Bergpredigt« genannt wird, diese absolute Friedfertigkeit, ohne Dogmen, ohne den Umweg Kirche, die direkte Entdeckung, dass der Mann selber eine Botschaft hatte, für die er auch gestorben ist.

Käßmann: In der Kirchengeschichte war es immer wieder so, dass die Kirche bürokratischer wurde. Dann gab es wieder eine Graswurzelbewegung, die gesagt hat: Guck mal, was in der Bibel steht! Es gab Reformbewegungen zu allen Zeiten. Und ich weiß noch damals, beim Kirchentag in Hannover 1983, da hat sowohl die Kirchenleitung als auch die Kirchentagsleitung darum gebeten, dass diese lila Tücher «Ein Nein ohne jedes Ja gegen Massenvernichtungsmittel« gelten müssen. Das war ja unser Symbol in der Kirche. Der Gottesdienst war dann von Lila geprägt, es war alles lila, die Leute haben sich nicht mehr aufhalten lassen, weil sie gesagt haben: Jetzt ist die Zeit da, zu protestieren gegen Waffen und Krieg. Von da ging dieser konziliare Prozess »Gerechtigkeit, Frieden, Bewahrung der Schöpfung« aus. Das war eine breite kirchliche Bewegung, an der bis 1990 viele, viele Menschen beteiligt waren. Wir haben die Texte geschrieben, als die Mauer fiel, und bei der Weltversammlung in Seoul 1990 haben dort die Kirchen der Welt gesagt: Wir werden alles tun, um gewaltfrei miteinander zu leben und den Krieg als Mittel der Konfliktlösung abzuschaffen.

Morgenroth: Warum ließ sich das nicht exportieren? Deutschland – darauf kann man ja wirklich stolz sein – ist eben nicht nur das Land der Shoa, sondern auch das Land der friedlichen Revolution, das die zwei Machtblöcke des kalten Kriegs ins Wanken gebracht hat. Warum ließ sich das nicht exportieren und warum ließ sich diese Botschaft und Neuentdeckung der Basis – diese »Jesus-Bewegung« nenne ich das mal – in den Kirchen nicht halten?

Käßmann: Die hält sich ja schon. Ich meine, diese Bewegung ist noch da. Sie ist natürlich wesentlich kleiner geworden. Ich bin keine Historikerin, aber ich glaube, dass es 2001 noch mal eine Chance zum Durchbruch gab. Als die Twin Towers fielen, gab es in der ganzen Welt eine Welle der Sympathie für Amerika. Es gab eine Woge aus Empathie und Mitleiden. Damals dachte ich: Kurz vorher sind in den USA Wahlen gewesen. Wenn George W. Bush nicht gewonnen hätte, sondern Al Gore – das war ja eine knappe Wahl –, was wäre dann passiert? Die Weltgeschichte hätte sich vielleicht anders abgespielt, wenn die Antwort nicht gewesen wäre: Krieg.

Wecker: Ich kann mich gut erinnern, was der Dalai Lama damals gesagt hat. Er sagte ganz deutlich und mit sehr viel Mitgefühl, dass die Antwort eben »Kein Krieg!« sein sollte. Damit hätte man auch eine gewisse Größe zeigen können.

Morgenroth: Aber es ließ sich nicht exportieren, auch nicht durch die Erfahrung einer friedlichen Revolution.

Käßmann: Doch, die Erfahrung wurde, wie ich finde, schon exportiert. Das haben wir auf dem Maidan gesehen. Das haben wir auch in vielen Bewegungen in Nordafrika gesehen. Aber im Sommer 1989 haben wir zum Beispiel in Peking gesehen, wie junge Menschen niedergemetzelt wurden. Am 4. Juni wurden sie mit der brutalen Gewalt von Armeen ermordet. Am arabischen Frühling sehen wir, dass diese Ideen da sind, dass die Menschen Freiheit wollen. Aber die Macht der Gewalt, der Gewehre war einfach stärker.

Wecker: Also ich denke mir die ganze Zeit, was wäre eigentlich, wenn hier ein Waffenhändler sitzen würde, der ganz ehrlich ist? Der würde uns sagen: Leute, wir wollen gar keinen Krieg gewinnen, wir wollen, dass immer Krieg ist. Dem System hilft der dauernde Krieg. Das muss man auch mal bedenken. Es ist ja alles Lüge. Erzählt wird uns: Es soll ein Krieg gewonnen werden. Aber wenn einer gewonnen ist, wird irgendwo ein neuer angefacht. Wir dürfen auch nicht vergessen, dass der Westen in den letzten 20 Jahren, in denen es uns vergleichsweise gut ging, das ganze Elend exportiert und in andere Regionen getragen hat. Ich bin zum Beispiel mit dem österreichischen Schuhunternehmer Heini Staudinger befreundet. Der macht ganz »ehrliche« Schuhe in Handarbeit, bezahlt seine Leute gut und ist ein toller mittelständischer Unternehmer. Der erzählte mir, dass die großen Schuhkonzerne normalerweise ihre Schuhe in Peking machen lassen – für 20 Cent in der Stunde. Jetzt lagern die Pekinger die Produktion nach Äthiopien für 4 Cent in der Stunde aus. Ich meine, darüber müssen wir natürlich auch reden. Das hat alles mit diesem System zu tun. Das System will im Endeffekt, dass es permanent Unruhen gibt, weil diese Unruhen auch wieder Geld bringen.

Morgenroth: Also Frieden muss eingeübt werden und es braucht andere Strukturen als die, die wir haben.

Wecker: Es braucht andere Strukturen und es braucht Träume, um diese anderen Strukturen durchzusetzen. Ich träume von einer Revolution, aber sie darf nicht wie die französische sein, die ihren Zweck schnell erfüllt und eingebüßt hat. Diese Revolution war ein völliger Fehlschlag, weil hernach wieder die gleichen Strukturen geschaffen wurden – auf andere Weise, aber wieder mit Gewalt. Mein Traum von einer friedlichen Revolution, von einer Revolution der Zärtlichkeit, mein Traum davon, dass sich die Träume der Menschen vernetzen – diese Idee ist ja zum Teil in der Hippiebewegung aufgekommen. Man macht sich so gerne lustig über diese Bewegung, aber was gibt es denn Schöneres, als wenn sich Menschen an den Händen fassen und sagen: »Make love, not war«? Das ist doch wunderbar! Darüber gibt es nichts zu lachen. So sollte die Welt sein! Ich habe auch nie darüber gelacht, obwohl ich aus der Kirche ausgetreten bin, wenn sich Leute zum Beispiel in einer Kirche an den Händen fassen. Das ist nicht einfach nur naiv und blöd, sondern es ist ein Versuch, etwas zu gestalten und sich nahezukommen. Und diesen Traum, den werde ich weiter träumen.

Jetzt fragen wir uns konkret: Warum lässt sich das nicht mehr vermitteln? Was können wir machen, um ein System, das das nicht zulassen will, zu verändern? Keinem Staat, auch nicht einer Demokratie, wird es im Endeffekt recht sein, wenn die Bürgerbewegung stärker ist als die Institution. Was können wir machen, um wieder eine Bürgerbewegung zu starten?

Morgenroth: Sind Sie bei der Revolution mit dabei, Frau Käßmann?

Käßmann: Bei der gewaltfreien Revolution auf jeden Fall. Für mich wäre der erste konkrete Schritt, die Frage der Rüstungsexporte anzugehen. Das haben die Kirchen immer wieder gesagt und wir sehen ja auch immer wieder, dass Richtlinien umgangen werden: Da werden Kleinwaffen nach Kolumbien geliefert, über die USA an allen Richtlinien vorbei. Dass wir jetzt sogar ganz offiziell Waffen in ein Kriegsgebiet an eine Bürgerkriegspartei durch die Bundesregierung liefern lassen, das finde ich total absurd.

Wecker: Und wenn die Richtlinien eingehalten werden, dann kommt der Herr Papperger von der Rheinmetall AG und droht damit, aus Deutschland auszuwandern.

Käßmann: Und woanders zu produzieren. Ich habe einmal mit einem Vertreter des Rüstungsunternehmens »Krauss-Maffei Wegmann« diskutiert. Er sagts: Die deutschen Waffen sind eben so gut, natürlich wollen die Soldaten am liebsten in den guten deutschen Panzern sitzen und nicht in anderen. Ich bezweifle, dass wir uns dadurch in Deutschland hervortun müssen. Wir könnten uns stattdessen hervortun, indem wir keine Waffen haben. Ich wurde ja sehr belacht, weil ich auf die Frage des SPIEGEL: »Wenn Sie so gegen das Militärische sind, können Sie doch gleich gegen die Bundeswehr sein«, gesagt habe: Ja, das ist eine Utopie. Es ist eine Utopie! Das wurde dann auch belacht. Hahaha. Aber ich finde, wir brauchen solche Utopien, dass der Mensch auch in einem Land ohne Armee leben könnte. Das wünsche ich mir. Wir haben ja erst 1955 die Wiederbewaffnung der Bundeswehr gehabt und 1956 die der NVA. Wir haben in Deutschland zehn Jahre ohne Militär gelebt und ich weiß nicht, warum man nicht davon träumen darf, dass das auch in Zukunft möglich sein sollte. Der Waffenexport jedenfalls ist für mich der allererste Punkt. Dann kommt die Verbindung mit Menschen in anderen Ländern. So eine Bewegung müssen wir wieder herstellen. Vielleicht können wir es über das Internet arrangieren. Das soll ja immer schön verboten werden, denn das mögen gerade die Diktatoren überhaupt nicht, wenn Menschen frei denken können. Aber die Gedanken sind frei. Das Internet hat viele Probleme, aber das kann es jedenfalls: Menschen verbinden. Das haben wir ja beim arabischen Frühling gesehen. Da sind viele junge Leute in muslimischen Ländern, die Freiheit wollen. Es gibt sehr viele Frauen in diesen Ländern, die auch Freiheit, freies Denken wollen und nicht Unterdrückung durch Waffengewalt.

Wecker: Ich habe neulich bei einem Seminar mit ein paar jungen Musikpädagogen über das Internet gesprochen. Die waren so um die 20, 22 Jahre alt. Sie haben gesagt: Wissen Sie, Herr Wecker, das war Ihre Zeit, wo man noch auf die Straße gegangen ist. Heute muss ein Widerstand auch anders aussehen. Wir vernetzen uns anders, das muss nicht auf der Straße sein, das passiert eben viel mehr über das Internet. Ich wäre bereit, da umzudenken. Die gute alte Demo, wie man sie kennt, gibt es so vielleicht nicht mehr. Man kann aber auch mit anderen Formen der Vernetzung arbeiten.

Morgenroth: Wir haben bereits davon gesprochen, dass Menschen heute in unterschiedlichen parallelen Welten leben, da wird es höchste Zeit einmal zu fragen: Was ist denn Pazifismus für Sie heute? Es ist ja ein Null- und Nichtswort geworden, ein Totschlagwort, wofür es schnell mal eins über die Mütze gibt. Man stempelt Pazifisten als naiv ab und dann ist es gut.

Wecker: Vor ein paar Jahren, als ich Arno Gruen kennenlernen durfte, hatten wir eine Pazifismus-Konferenz in Tübingen, und wir, die Teilnehmer, hatten uns nach zwei Tagen auf einen radikalen Pazifismus geeinigt. Da waren sehr interessante Leute, unter anderem Hans-Peter Dürr, der wunderbare Physiker. Er war sich mit uns einig: Pazifismus hat nichts damit zu tun, dass man ein »Weichei« ist. Es bedeutet, nicht einfach alles mit sich geschehen zu lassen, sondern sich unbedingt auch einzumischen. Für mich persönlich heißt Pazifismus auch immer mehr, mich einer Idee wirklich gewaltfrei hinzugegeben, und das mit allen Konsequenzen.

Morgenroth: Pazifismus wird mit Nichtstun verwechselt?

Wecker: Ja, aber das sollte man eigentlich überhaupt nicht sagen. Pazifismus hat etwas sehr Energetisches, wie ich finde. Es geht nicht um Nichtstun. Man ist auch berechtigt, wütend zu sein. Ich habe in dem Lied »Wut und Zärtlichkeit« geschrieben, dass Gegensätze, wie sie der Titel enthält, zusammengehören. Frau Käßmann wird das noch in schönere Worte fassen.

Käßmann: Ich kann sagen, was Martin Luther gesagt hat: Dass der Mensch sehr zornig werden darf, weil Zorn etwas in Bewegung bringt. Es ist oft so, dass gerade der Zorn auch Mut macht, überhaupt etwas zu tun. Für mich ist Pazifismus eine Haltung der Gewaltfreiheit. Jesus ist für mich das zentrale Beispiel, also nicht erst Martin Luther King. Dass Jesus im Garten Gethsemane, als einer ihn mit dem Schwert verteidigen wollte, gesagt hat: Steckt das Schwert an seinen Ort! Dass er lieber selbst gestorben ist, als sich mit Gewalt verteidigen zu lassen – das ist für mich das Grundsymbol. Es bedeutet, gewaltfrei in persönlicher Beziehung zu leben, sich aber auch gegen jede Form von Militarismus zu wenden. Das ist in einer Welt, die am Militär verdient, natürlich schwierig, weil es da auch um Macht geht, gar keine Frage. Die Bundesrepublik Deutschland gibt allein offiziell 33 Milliarden im Jahr für das Militär aus und 29 Millionen für Friedensinitiativen. Da zeigt sich das absolute Missverhältnis.

Ich bewundere Leute, die in einer Situation, in der sie Angst um das eigene Leben haben müssen, versuchen, gewaltfrei in Konflikten zu vermitteln. Deren Geschichten werden zu selten erzählt. Da gibt es viele Geschichten! Einige sind in dem Buch »Religion macht Frieden« nachzulesen. Es zeigt religiös motivierte Akteure: Muslime, Hindus, Christen, Juden, die in gewalthaltigen Konflikten vermitteln. Sie zeigen, dass gerade sie das können, weil sie vor Ort sind, weil sie die Menschen kennen. Aber sie tun es unter Gefährdung ihres eigenen Lebens.

Morgenroth: Jetzt ist allerdings etwas passiert, das die Religionen dieser Welt verändert. Auch sie werden eigentlich tendenziell immer mehr verlacht, anders als noch vor 30 Jahren. Der Blick auf sie verändert sich: Es tauchen in den Medien weltweit ständig »religiöse« Menschen mit Waffen in der Hand auf, im aktuellen Fall vor allem Muslime. Das färbt aber doch auch auf alle Religionen ab, auch auf das Christentum.

Wecker: Da bin ich für mich zu einer Formel gekommen: Wenn irgendjemand mir erzählen will, er wisse, was Gott will, dann werde ich schon mal wütend! Das ist einfach nur Quatsch. Religion heißt nicht, dass einer sich plötzlich hinstellt und sagt, er wüsste, was Gott ihm gesagt hat, und er müsse das der Welt überstülpen. So etwas kann ich nicht mehr als religiös oder spirituell ernst nehmen. Denn es führt dazu, dass ich mir einbilde, Gott wolle von mir, dass ich für ihn als Gotteskrieger kämpfe. Wir brauchen ja nicht so zu tun, als wäre das nur bei Muslimen der Fall. Die katholische Kirche hat, wie überhaupt alle christlichen Kirchen, über

Jahrhunderte aus Gotteskriegern bestanden. Priester segnen heute noch Waffen, wenn es sein muss. Dieser Typus des religiösen Kriegers hat viele Menschen, wie auch mich, zu Recht von der Religion abgebracht. Ich bin erst durch die Mystik eigentlich wieder zur Religion gekommen und auch durch den Mann aus Nazareth, der für mich eine ganz große Rolle spielt. Ich finde es sensationell, dass es so einen Menschen gegeben hat – in einer 12 000 Jahre andauernden Geschichte, in der fast nur Psychopathen die Menschheit angeführt haben. Ob Alexander der Große oder Napoleon. Und da, plötzlich, entwickelt dieser Mann aus Nazareth eine Idee der Gewaltfreiheit, der Gleichheit von Mann und Frau, die so außergewöhnlich ist, dass sie sich in der Realität nicht durchsetzen konnte, aber sehr wohl als Idee. Vielleicht lieben wir auch deswegen die Träumer so sehr: weil wir diesen Traum lieben. Auch wenn er sich nicht in jedem Winkel der Welt durchsetzen konnte, nicht mal in der eigenen Kirche – er ist als Traum ungemein wichtig.

Morgenroth: Frau Käßmann, Herr Wecker würde also nicht zuhören, wenn Sie predigen. Oder wie habe ich das zu verstehen?

Käßmann: Sie finden keine Predigt von mir, in der ich sage: Ich weiß, was Gott will. Ich halte das für Blasphemie, dass jemand sagt, er wisse in einer bestimmten Situation genau, was Gottes Wille sei. Ich lese die Bibel als ein Buch des Glaubens von Menschen. Es sind meine Väter und Mütter im Glauben, die aufgeschrieben haben, was sie an Erfahrungen mit Gott gemacht haben und das beziehe ich auf heute. Und wenn mir vorgeworfen wird, ich sei zu politisch im Predigen, kann ich nur sagen: Ich kann die Bibel doch nicht lesen ohne den Bezug zu Heute. Wenn da steht »Selig sind, die Frieden stiften« lässt sich nicht behaupten, das hätte heute mit Frieden nichts zu tun. Da steht: »Der Fremdling, der unter euch wohnt, den sollt ihr schützen.« Kann ich das lesen, als hätte das mit Asylsuchenden und Flüchtlingen heute nichts zu tun!? Die Bibel hat für mich immer mit heute zu tun. Für mich ist die Kirche immer in die Irre gegangen, wenn sie Waffen gesegnet hat. Luther hat gesagt: Guck in der Bibel nach, wenn du dein Gewissen schärfen willst. Und was das Segnen von Waffen betrifft, da kann ich nur sagen: Davon steht im Neuen Testamtent nichts, aber auch gar nichts.

Morgenroth: Aber das Problem sehen Sie auch, dass all die Abbildungen mit religiös motivierten Menschen, die – mit Waffen ausgestattet – drauf und dran sind, Gewalt religiös zu legitimieren?

Käßmann: Wir müssen denen absprechen, dass sie im Namen ihrer Religion handeln. Das tun auch viele Muslime. Ich nehme mal Aiman Mazyek als Beispiel, den Vorsitzenden des Zentralrats der Muslime in Deutschland. Der hat ganz klar gesagt: Wenn ein Jude oder eine Synagoge angegriffen wird, bin ich Jude, wenn eine Kirche angegriffen wird, bin ich Christ, wenn eine Moschee angegriffen wird, bin ich Moslem. Das, finde ich, ist eine überzeugende Haltung. Wir müssen auch wahrnehmen, dass ganz viele sich von dieser

Gewalt distanzieren. Die meisten Opfer dieser Irren sind Muslime. Die Attentäter reißen meistens Muslime in den Tod und ich finde, wir müssen uns mit den friedliebenden, freiheitsliebenden und demokratieüberzeugten Muslimen zusammentun.

Wecker: Das ist ganz wichtig zurzeit. Wenn ich mir überlege, was in Köln passiert ist mit dieser unseligen Verbindung aus Hooligans, Neonazis und Gewalttätern. Das muss man sich mal vorstellen: Hooligans wollen die Nation retten und uns von Salafisten befreien. Meine Großmutter hätte gesagt: Man kann doch den Teufel nicht mit dem Beelzebub austreiben. Ich habe Angst vor einer neuen Art von Rassismus. Mir haben auch viele Muslime geschrieben, dass sie mittlerweile Angst haben.

Morgenroth: Also bleibt die Kernfrage: Wie übt man Frieden? Und es bleibt die Frage, die wir am Anfang gestreift haben: Wenn Gewalt nicht nur körperlich ausgeübt wird und wir – wie Herr Wecker das ausgeführt hat – in einer sehr gewalttätigen Gesellschaft leben, wo bleibt die Kapitalismuskritik bei den Kirchen? Die waren bei Occupy Frankfurt eigentlich nicht dabei.

Käßmann: Da waren aber viele Christen dabei. Ich finde, wir sollten nicht immer nur auf die Institution gucken, nach dem Motto: »Was macht die Institution Kirche?« Viele Christinnen und Christen sind nämlich sehr engagiert in der Kapitalismuskritik.

Morgenroth: Sie treffen sich also dahingehend in der Mitte?

Käßmann: Das glaube ich schon.

Wecker: Das glaube ich auch.

Käßmann: Ich denke zum Beispiel an die Initiative »Anders wachsen«, die Alternativen bietet. Die Kirchen sind natürlich keine Wirtschaftsmacht im eigentlichen Sinn. Aber ich nehme mal ein kleines Beispiel, das auch belächelt wird: Die Kaffee-Kampagne. Da kann jeder Mensch wählen: Gebe ich 3,99 Euro für Jakobs-Krönung oder 5,99 Euro für fair gehandelten Kaffee aus Kolumbien aus? Wir haben in allen kirchlichen und Diakonischen Einrichtungen diesen fair gehandelten Kaffee. Jetzt kann man sagen: Das ist eine Kleinigkeit, aber ich erinnere mich noch daran, wie wir dafür gekämpft haben! Da hieß es: Der macht die Kaffeemaschinen kaputt oder ist zu teuer. Ich finde, wir müssen auch die Menschen respektieren, die kleine Schritte gehen. Wir überfordern uns alle, wenn wir sagen, wir können die ganze Welt aushebeln. Da werden wir verrückt. Aber es ist so: Konstantin Wecker macht als Künstler seinen Teil, ich mache als Theologin meinen Teil und wenn ganz viele Menschen an ihrem Ort ihren Teil tun, verändert sich auch etwas.

Wecker: Das ist genau meine Vorstellung von einer Revolution und ich bin deswegen guter Dinge, weil ich das Gefühl habe, es kann sich auf diese Weise ganz schnell multiplizieren. Wir haben ja schon von den verschiedenen Universen gesprochen: In meinem Universum gibt es Menschen, die tolle Aktionen machen, zum Beispiel gründen sie zusammen einen Supermarkt – verpackungsfrei. Da treffen sich hundert Leute: Jeder arbeitet dort einen Tag im Monat. Ich finde das klasse, und das Gute ist: Es funktioniert. Ich kenne Unternehmer mit 50 oder 60 Angestellten, die anständig und nachhaltig wirtschaften. Meine nächste Tour wird jetzt sogar gesponsert, was ich sehr schön finde. Es ist eigentlich weniger ein Sponsoring als ein gemeinsames Arrangement mit den aufständischen Milchbauern in Österreich. Die sind klasse. Als ich die Leute kennenlernte, habe ich gesagt: Ihr tut ja wirklich was. Sie antworteten mir: Herr Wecker, das machen wir nur, weil wir vor 20 Jahren Ihre Lieder gehört haben. Da habe ich mir gedacht: Donnerwetter, man bewirkt doch was.

Morgenroth: Herr Wecker, Sie sagen, eine Revolution – oder die Politik überhaupt – braucht etwas, das es dort bislang eher nicht gab, nämlich Spiritualität. Normalerweise will man Religion und Politik eher deutlicher trennen. Wie stellen Sie sich das also vor?

Wecker: Spiritualität ist keine Religion. Spiritualität ist ein schwieriges Wort. Es wird oft wahnsinnig missbraucht. Darum ist mir das Wort »Mystik« fast lieber, weil ich glaube, dass das noch ein bisschen deutlicher ist. Spiritualität ist inzwischen leider so ein Wischi-Waschi-Begriff geworden. Ich meine das, was in mir wohnt, was ich als religiöser Mensch oder als Christenmensch Gottessuche nenne. Ich habe kein

Problem mit dem Wort Gott. Es ist so viel da, was ich mit meiner Ratio nicht erfassen kann, was ich aber manchmal dennoch erlebe, gerade als kreativer Mensch, als Musiker. Ich erarbeite zum Beispiel meine Gedichte nicht, sie fallen mir zu. Sie kommen, sie sind plötzlich da. Und sie sind immer klüger als ich – die guten wenigstens. Und dann denke ich mir: Wo kommt das her? Ich weiß es nicht. Ich will jetzt nicht sagen, meine Gedichte wurden mir von Gott eingegeben, das ginge zu weit. Aber ich weiß, es gibt so vieles, das ich rational nicht erklären kann. Es gibt Momente, die wir alle kennen, diese wunderbaren heiligen Momente, in denen du plötzlich für eine Viertelstunde aufgehoben bist im Hier und Jetzt. Du brauchst keinen Lottogewinn, um dieses Glück zu empfinden, du brauchst nicht mal einen liebenden Partner. Ganz allein für dich gibt es diese Momente. Du bist einfach da und alles stimmt. Das ist die Sehnsucht. Die Kabbalisten würden von einer Sehnsucht nach dem Ewigen sprechen, die Christen sprechen wahrscheinlich von einer Sehnsucht nach dem Reich Gottes, das laut Jesus ja wunderbarerweise hier ist und kein enthobenes Himmelreich. Das bezeichne ich mit dem Begriff »Spiritualität«. In diesem inneren Raum finde ich auch mein Mitgefühl für andere. Auch die Träume wohnen in diesem nichtrationalen Raum. Den müssen wir zulassen. Denn wohin uns der rationale Raum führt, das haben wir in den letzten Jahrtausenden gesehen. Die Ratio der Männer führt uns seit 8 000 Jahren in permanente Kriege und in Gewalt.

Morgenroth: Spiritualität in der Politik, Frau Käßmann, wäre die auch etwas für Sie?

Käßmann: Ich denke, diese Räume *brauchen* Menschen. Sie müssen mal drei Schritte zurücktreten können. Für mich ist Spiritualität die Erfahrbarkeit, die sinnliche Erlebbarkeit meines Glaubens. Und solche Momente kenne ich natürlich auch. Für die Evangelischen ist das Singen, die Musik da sehr wichtig. Es sagen ja viele, Bach sei der fünfte Evangelist. Nehmen wir eine Kantate, ein Oratorium: Das erfüllt sich selbst und du bist als Zuhörerin auch erfüllt. So etwas ist eine spirituelle Glaubenserfahrung für mich. Ich sehe die Politik so, dass ich den Menschen in den Blick nehme, ich denke dabei an Luthers Konzept vom Beruf. Du nimmst deinen Glauben und übernimmst Verantwortung vor Ort. Ich wünsche den Politikerinnen und Politikern, dass sie solche Momente noch haben, fürchte aber, die haben sie momentan gar nicht mehr.

Wecker: Genau das meinte ich. Ich meinte natürlich nicht, dass wir plötzlich einen spirituellen Grundsatz in die Politik hineinschreiben sollten, um Gottes willen. Aber Schröder hat einmal gesagt: Ich habe keine Zeit, über mich nachzudenken. Das ist genau der Haken an der Politik.

Morgenroth: Eigentlich ist das der Haken an uns allen.

Wecker: Natürlich. Wenn wir keine Zeit haben, über uns nachzudenken, das heißt in uns zu gehen, eine gewisse Stille zuzulassen, dann kann das grausame politische Folgen haben.

Käßmann: Wir leben in einer Ablenkungsgesellschaft, die Stille gar nicht mehr zulässt. Die Menschen halten Stille mittlerweile kaum aus. Das erlebe ich ja schon im Gottesdienst, wenn ich um drei Minuten Stille bitte. Das ist für manche schon physisch kaum noch zu ertragen. Ich denke, so kommen wir nicht weiter. Da würde ich auch sagen, wir brauchen mehr Spiritualität. Wir brauchen Auszeiten, die uns kreative Kraft schöpfen lassen.

Morgenroth: Wir kommen zur Schlussfrage in dieser Runde. »Entrüstet euch!«, das ist der Titel Ihres gemeinsamen Buchprojektes. »Entrüstet euch«, was heißt das für Sie, Frau Käßmann?

Käßmann: Ich finde den Titel schön, weil er die Ambivalenz zeigt. Er erinnert an Stephane Hessels »Empört euch!«, an sein Alterswerk, das er so grandios geschrieben hat.

Morgenroth: Das ist zugleich ein Lied, das Herr Wecker gesungen hat.

Käßmann: Wir meinen: Entrüstet euch über das, was in der Welt passiert, und lasst euch nicht ablenken von dem, was da passiert. Aber wir meinen es auch im wahrsten Sinne des Wortes: Weg mit der Rüstung! Vor hundert Jahren gab es Bertha von Suttners Buchtitel »Die Waffen nieder«. Das ist dieselbe Idee.

Morgenroth: Herzlichen Dank.

KLASSISCHE TEXTE
ZUM FRIEDEN

Konfuzius (551–479 v. Chr.):

EPITAPH AUF EINEN KRIEGER

Es blühen aus dem Schnee die Anemonen.
Mit seinem Herzen spielt das Kind. Und es verweint's.
Uns, die am Brunnenrand der Erde wohnen,
Ist Sonnenauf- und -niedergang nur eins.

Doch immer wieder quillt der Fluss von Felsen,
Und immer wieder Mond um Frauen wirbt;
Der Herbst wird ewig seinen goldnen Kürbis wälzen,
Und ewig Grillenruf im Grase zirpt.

Es führten viele fest ihr Pferd am Zügel.
Der Ruhm der tausend Schlachten ist verweht.
Was bleibt vom Heldentum? Ein morscher Hügel,
Auf dem das Unkraut rot wie Feuer steht.

Franz von Assisi (1181–1226):

FRIEDENSGEBET

Herr, mach mich zu einem Werkzeug deines Friedens,
dass ich liebe, wo man hasst;
dass ich verzeihe, wo man beleidigt;
dass ich verbinde, wo Streit ist;
dass ich die Wahrheit sage, wo Irrtum ist;
dass ich den Glauben bringe, wo Zweifel droht;
dass ich Hoffnung wecke, wo Verzweiflung quält;
dass ich Licht entzünde, wo Finsternis regiert;
dass ich Freude bringe, wo der Kummer wohnt.

Herr, lass mich trachten, nicht, dass ich getröstet werde, sondern dass ich tröste;
nicht, dass ich verstanden werde, sondern dass ich verstehe;
nicht, dass ich geliebt werde, sondern dass ich liebe.

Denn wer sich hingibt, der empfängt;
wer sich selbst vergisst, der findet;
wer verzeiht, dem wird verziehen;
und wer stirbt, der erwacht zum ewigen Leben. Amen.

Matthias Claudius (1740–1815):

KRIEGSLIED (1774)

's ist Krieg! 's ist Krieg! O Gottes Engel wehre
Und rede du darein!
's ist leider Krieg – und ich begehre
Nicht schuld daran zu sein!

Was sollt ich machen, wenn im Schlaf mit Grämen
Und blutig, bleich und blaß
Die Geister der Erschlagenen zu mir kämen
Und vor mir weinten, was?

Wenn wackre Männer, die sich Ehre suchten,
Verstümmelt und halbtot
Im Staub sich vor mir wälzten und mir fluchten
In ihrer Todesnot?

Wenn tausend, tausend Väter, Mütter, Bräute,
So glücklich vor dem Krieg,
Nun alle elend, alle arme Leute,
Wehklagen über mich?

Wenn Hunger, böse Seuch und ihre Nöten
Freund, Freund und Feind ins Grab
Versammelten, und mir zu Ehren krähten
Von einer Leich herab!

Was hülf mir Kron und Land und Gold und Ehre?
Die könnten mich nicht freun!
’s ist leider Krieg – und ich begehre
Nicht schuld daran zu sein!

Bertha von Suttner (1843–1914):

EMPÖRUNG DES VERSTANDS UND UNSERER HERZEN (1914)

Liebwerte Schwestern!

Da die Umstände es mir leider verwehrt haben, in Ihre Mitte zu kommen, so will ich doch schriftlich an der ersten Tagung des »Frauenbundes der Deutschen Friedensgesellschaft« teilnehmen, indem ich der großen freudigen Genugtuung Ausdruck gebe, die ich darüber empfinde, dass sich ein solcher Bund gebildet hat. Seien Sie mir gegrüßt und beglückwünscht, verehrte Kämpferinnen.

Denn als solche werden Sie sich bewähren müssen: Es wird Ihnen nicht ganz leicht gemacht werden, für die pazifistischen Ideale einzutreten. Auch unter den Frauen selber dürften Ihnen viele Gegnerinnen erwachsen. Es ist durchaus nicht richtig, wie manche behaupten, die in der Friedensbewegung nur eine unmännliche Sentimentalität sehen, daß alle Frauen von Natur aus dem Kriege abhold sind. – Nein, nur die fortschrittlich gesinnten Frauen, nur solche, die sich zu sozialem Denken erzogen haben, sind es, die die Kraft haben, sich von dem Banne tausendjähriger Institutionen zu befreien, und zugleich die Kraft aufbringen, dieselben zu bekämpfen.

Die Zeit rückt immer näher, da die Frauen im Rat der Völker, in der Lenkung politischer Dinge Sitz und Stimme besitzen werden, es wird ihnen daher möglich sein, gegen das, was sie als Kulturschäden erkannt haben, nicht lediglich zu protestieren, sondern an der Umwandlung der Zustände tätig und praktisch mitzuwirken.

Dabei werden und dürfen sie ihre spezifischen weiblichen Eigenschaften als da sind: Milde, Reinheit, Mitleid, warme Menschenliebe – nicht zurückdrängen, sondern in der Erlangung einer höheren Zivilisationsstufe mit in den Dienst stellen.

Nicht als ob es Aufgabe und Bestimmung der Frauen wäre, allein die kriegslose Kultur herbeizuführen; doch ist ihre Mitarbeit zur Beschleunigung und Erreichung unerläßlich. Zur Stunde sind gar viele männliche Kräfte am Werke, den Krieg abzuwehren, den unerträglich gewordenen Rüstungen ein Ziel zu setzen, die verhetzten Völker miteinander zu versöhnen, die Treibereien der Interessenten der Waffenfabrikation zu entlarven. Wir sehen, dass die Juristen, die Völkerrechtler, die Nationalökonomen, die Arbeiter und die Handelsleute – jeder von seinem Standpunkt die Ergebnislosigkeit des Krieges und die Schädlichkeit der allen Wohlstand untergrabenden Rüstungen anklagen; wir lesen die genialen Bücher eines Notman Angell, die den mathematischen Beweis erbringen, daß keine Landeseroberung noch Gewinn bringen kann, – kurz: politisch und ökonomisch, logisch und soziologisch wird dem anarchistisch gewordenen System der gegenseitigen Menschenabschlachtungen entgegengearbeitet.

Auch zahlreiche Geistliche verschiedenster Bekenntnisse beginnen, sich pazifistisch zu organisieren und nun treten die Frauen auf den Plan. Da fragt es sich, welche besondere Aufgabe fällt diesen zu? Eigentlich können wir, soweit unsere Kenntnisse und Einflüsse reichen, auf all den oben genannten Gebieten uns betätigen, denn heute sind uns ja keine sozialen Studien mehr verwehrt, und täglich stehen uns mehr öffentliche Ämter offen.

Aber noch eines mehr können wir tun, vor dem die meisten Männer sich zurückhalten, weil sie nicht als schwachmütig und rührselig erscheinen wollen: lassen wir unsere Herzen sprechen. Im Namen der Liebe, diesem heiligsten aller Gefühle, das ja als die eigentlichste Domäne des Weibes gilt, im Namen der Güte, die ja erst den Menschen »menschlich« macht, im Namen des Gottesbegriffs, zu dem sich unsere Ehrfurcht erhebt, wollen wir den Krieg bekämpfen; nicht nur, weil er sich nicht mehr auszahlt und daher eine Torheit – sondern weil er grausam und daher ein Verbrechen ist. Das soll in all dem Aufwand von politischen und ökonomischen Argumenten nicht vergessen werden. Desto besser, wenn sich der Verstand auch gegen den Krieg auflehnt, aber unterdrücken wir darum nicht die Empörung unserer Herzen.

Nicht nur das Denken und Erkennen, das Rechnen und Schlußfolgern zeugt von unseren Seelenkräften, sondern auch das Fühlen. Klar und scharf sollen unsere Gedanken sein, warm und edel die Gefühle – erst so ist die volle Menschenwürde erreicht. Richtige Schlüsse ziehen ist schön – begeistert sein ist schöner. Leidenschaft brauchen wir, um zu handeln und zu wirken – nur Leidenschaft reißt hin.

Zu den Gefühlen, die uns der Krieg einflößt, gehört leidenschaftlicher Mitschmerz; denn die Gräuel, die himmelschreienden Leiden, die er verursacht, gehen schon über die Grenzen des Erträglichen hinaus. Er nimmt ja täglich mit jeder neuen Heeresverstärkung, jeder neuen Erfindung an Fürchterlichkeit zu. Warten wir nur, bis alle Details aus den

Balkankämpfen uns zur Kenntnis kommen – die Verjagten, die Massakrierten, die Verhungerten, die lebendig Verbrannten ... nein, gegen das alles darf man sich nicht verschließen. All dem Elend muß man ins Gesicht sehen, aber nicht, um es als Unglück zu beklagen, sondern als Schlechtigkeit anzuklagen! Denn es ist keine Elementarkatastrophe, es ist das Ergebnis menschlichen Irrwahns und menschlicher Fühllosigkeit. Also lassen wir uns durch den Vorwurf der Sentimentalität nicht abschrecken. Wir haben das Recht, wir Frauen, unsere Gefühle zu zeigen. Seit jeher, auch schon zu Römerszeiten, hatten die Mütter das Privileg, den Krieg zu hassen. Lassen wir uns ja diesen instinktiven Hass – der ja nur eine intensive Form von Menschenliebe ist – nicht rauben; er soll unter den mannigfaltigen Waffen, die unsere neue Zeit gegen barbarische alte Institutionen schmiedet, vielleicht eine der wirksamsten, gewiss eine der edelsten sein. Also liebe Schwestern, ans Werk und seid standhaft! Montecuculi sagte: »Zum Kriegführen braucht man Geld, Geld und wieder Geld.« Ich will nicht sagen, dass wir das Ding zu unserer Kampagne nicht auch gut brauchen könnten; aber die Hauptsache ist doch: Ausdauer, Ausdauer und noch einmal Ausdauer!

Ich hoffe noch viel vom »Frauenbund der Deutschen Friedensgesellschaft« zu hören. Und ich lade Sie herzlichst ein, uns eine Abordnung des Bundes zum XXI. Weltfriedenskongreß nach Wien zu schicken. Eine Kundgebungsversammlung Ihnen gleichgesinnter Wiener Frauen ist auf das Programm gesetzt.

Wie würde ich mich freuen, Ihnen allen die Hand drücken und ins Auge schauen zu können!

Claire Goll (1891–1977):

DER NEUE TOD (1918)

Nicht mehr fliegen wir, Gott, in himmlischer Schaukel zu dir,
Im goldenen Sarg, der sich in den Seilen der Arme wiegt.
Nicht mehr flattern um uns Chopins Vögel der Trauer,
Nicht decken uns weinende Gärten zu.
Und der streichelnde Blick der Geliebten.
Fort aus Umarmung und Jugend
Riss uns der Hass in die Erde.
O wie Posaune klingt eine Stimme,
Furchtbar ruft Abel nach seinem Leben,
Und Alle, Alle rufen wir mit.
Denn da ist Keiner, der Kain sein will.
Und deine Schulter, Vater, ist weit
Reue und Auferstehung hinzuweinen.

Erich Kästner (1899–1974):

FANTASIE VON ÜBERMORGEN (1929)

Und als der nächste Krieg begann,
da sagten die Frauen: Nein!
und schlossen Bruder, Sohn und Mann
fest in der Wohnung ein.

Dann zogen sie, in jedem Land,
wohl vor des Hauptmanns Haus
und hielten Stöcke in der Hand
und holten die Kerle heraus.

Sie legten jeden übers Knie,
der diesen Krieg befahl:
die Herren der Bank und Industrie,
den Minister und General.

Da brach so mancher Stock entzwei.
Und manches Großmaul schwieg.
In allen Ländern gab's Geschrei,
und nirgends gab es Krieg.

Die Frauen gingen dann wieder nach Haus,
zum Bruder und Sohn und Mann,
und sagten ihnen, der Krieg sei aus!
Die Männer starrten zum Fenster hinaus
und sahn die Frauen nicht an ...

Else Lasker-Schüler (1869–1945):

WIR KÖNNEN NICHT MEHR SCHLAFEN (1958)

Ein einziger Mensch ist oft ein ganzes Volk
Doch jeder eine Welt
Mit einem Himmelreich wenn
Er der Eigenschaften uredelste pflegt:
Gott
Gott aufsprießen läßt in sich
Gott will nicht begossen sein
Mit Blut.
Wer seinen Nächsten tötet
Tötet im Herzen aufkeimend Gott
Wir können nicht mehr schlafen in den Nächten.

Wolfgang Borchert (1921–1947):

DANN GIBT ES NUR EINS! (1947)

Du. Mann an der Maschine und Mann in der Werkstatt. Wenn sie dir morgen befehlen, du sollst keine Wasserrohre und keine Kochtöpfe mehr machen – sondern Stahlhelme und Maschinengewehre, dann gibt es nur eins:

Sag NEIN!

Du. Mädchen hinterm Ladentisch und Mädchen im Büro. Wenn sie dir morgen befehlen, du sollst Granaten füllen und Zielfernrohre für Scharfschützengewehre montieren, dann gibt es nur eins:

Sag NEIN!

Du. Besitzer der Fabrik. Wenn sie dir morgen befehlen, du sollst statt Puder und Kakao Schießpulver verkaufen, dann gibt es nur eins:

Sag NEIN!

Du. Forscher im Laboratorium. Wenn sie dir morgen befehlen, du sollst einen neuen Tod erfinden gegen das alte Leben, dann gibt es nur eins:

Sag NEIN!

Du. Dichter in deiner Stube. Wenn sie dir morgen befehlen, du sollst keine Liebeslieder, du sollst Hasslieder singen, dann gibt es nur eins:

Sag NEIN!

Du. Arzt am Krankenbett. Wenn sie dir morgen befehlen, du sollst die Männer kriegstauglich schreiben, dann gibt es nur eins:

Sag NEIN!

Du. Pfarrer auf der Kanzel. Wenn sie dir morgen befehlen, du sollst den Mord segnen und den Krieg heilig sprechen, dann gibt es nur eins:

Sag NEIN!

Du. Kapitän auf dem Dampfer. Wenn sie dir morgen befehlen, du sollst keinen Weizen mehr fahren – sondern Kanonen und Panzer, dann gibt es nur eins:

Sag NEIN!

Du. Pilot auf dem Flugfeld. Wenn sie dir morgen befehlen, du sollst Bomben und Phosphor über die Städte tragen, dann gibt es nur eins:

Sag NEIN!

Du. Schneider auf deinem Brett. Wenn sie dir morgen befehlen, du sollst Uniformen zuschneiden, dann gibt es nur eins:

Sag NEIN!

Du. Richter im Talar. Wenn sie dir morgen befehlen, du sollst zum Kriegsgericht gehen, dann gibt es nur eins:

Sag NEIN!

Du. Mann auf dem Bahnhof. Wenn sie dir morgen befehlen, du sollst das Signal zur Abfahrt geben für den Munitionszug und für den Truppentransport, dann gibt es nur eins:

Sag NEIN!

Du. Mann auf dem Dorf und Mann in der Stadt. Wenn sie morgen kommen und dir den Gestellungsbefehl bringen, dann gibt es nur eins:

Sag NEIN!

Du. Mutter in der Normandie und Mutter in der Ukraine, du Mutter in Frisko und London, du, am Hoangho und am Mississippi, du, Mutter in Neapel und Hamburg und Kairo und Oslo – Mütter in allen Erdteilen,

Mütter in der Welt, wenn sie morgen befehlen, ihr sollt Kinder gebären, Krankenschwestern für Kriegslazarette und neue Soldaten für neue Schlachten, Mütter in der Welt, dann gibt es nur eins:

Sagt NEIN! Mütter, sagt NEIN!

Denn wenn ihr nicht NEIN sagt, wenn IHR nicht nein sagt, Mütter, dann:

dann:

In den lärmenden dampfdunstigen Hafenstädten werden die großen Schiffe stöhnend verstummen und wie titanische Mammutkadaver wasserleichig träge gegen die toten vereinsamten Kaimauern schwanken, algen-, tang- und muschelüberwest, den früher so schimmernden dröhnenden Leib, friedhöflich fischfaulig duftend, mürbe, siech, gestorben –

die Straßenbahnen werden wie sinnlose glanzlose glasäugige Käfige blöde verbeult und abgeblättert neben den verwirrten Stahlskeletten der Drähte und Gleise liegen, hinter morschen dachdurchlöcherten Schuppen, in verlorenen kraterzerrissenen Straßen –

eine schlammgraue dickbreiige bleierne Stille wird sich heranwälzen, gefräßig, wachsend, wird anwachsen in den Schulen und Universitäten und Schauspielhäusern, auf Sport- und Kinderspielplätzen, grausig und gierig, unaufhaltsam –

der sonnige saftige Wein wird an den verfallenen Hängen verfaulen, der Reis wird in der verdorrten Erde vertrocknen, die Kartoffel wird auf den brachliegenden Äckern erfrieren und die Kühe werden ihre totsteifen Beine wie umgekippte Melkschemel in den Himmel strecken –

in den Instituten werden die genialen Erfindungen der großen Ärzte sauer werden, verrotten, pilzig verschimmeln –

in den Küchen, Kammern und Kellern, in den Kühlhäusern und Speichern werden die letzten Säcke Mehl, die letzten Gläser Erdbeeren, Kürbis und Kirschsaft verkommen – das Brot unter den umgestürzten Tischen und auf zersplitterten Tellern wird grün werden und die ausgelaufene Butter wird stinken wie Schmierseife, das Korn auf den Feldern wird neben verrosteten Pflügen hingesunken sein wie ein erschlagenes Heer und die qualmenden Ziegelschornsteine, die Essen und die Schlote der stampfenden Fabriken werden, vom ewigen Gras zugedeckt, zerbröckeln – zerbröckeln – zerbröckeln –

dann wird der letzte Mensch, mit zerfetzten Gedärmen und verpesteter Lunge, antwortlos und einsam unter der giftig glühenden Sonne und unter wankenden Gestirnen umherirren, einsam zwischen den unübersehbaren Massengräbern und den kalten Götzen der gigantischen betonklotzigen verödeten Städte, der letzte Mensch, dürr, wahnsinnig, lästernd, klagend – und seine furchtbare Klage: WARUM? wird ungehört in der Steppe verrinnen, durch die geborstenen Ruinen wehen, versickern im Schutt der Kirchen, gegen Hochbunker klatschen, in Blutlachen fallen, ungehört, antwortlos, letzter Tierschrei des letzten Tieres Mensch – all dieses wird eintreffen, morgen, morgen vielleicht, vielleicht heute nacht schon, vielleicht heute nacht, wenn – – wenn – –

wenn ihr nicht NEIN sagt.

Ingeborg Bachmann (1926–1973):

ALLE TAGE (1957)

Der Krieg wird nicht mehr erklärt,
sondern fortgesetzt. Das Unerhörte
ist alltäglich geworden. Der Held
bleibt den Kämpfen fern. Der Schwache
ist in die Feuerzonen gerückt.
Die Uniform des Tages ist die Geduld,
die Auszeichnung der armselige Stern
der Hoffnung über dem Herzen.

Er wird verliehen,
wenn nichts mehr geschieht,
wenn das Trommelfeuer verstummt,
wenn der Feind unsichtbar geworden ist
und der Schatten ewiger Rüstung
den Himmel bedeckt.

Er wird verliehen
für die Flucht von den Fahnen,
für die Tapferkeit vor dem Freund,
für den Verrat unwürdiger Geheimnisse
und die Nichtachtung
jeglichen Befehls.

Martin Luther King (1929–1968):

MEIN WEG ZUR GEWALTLOSIGKEIT

Wie die meisten Leute hatte ich von Gandhi gehört, hatte ihn aber nie ernstlich studiert. Als ich nun die Bücher las, war ich fasziniert von seinen Feldzügen gewaltlosen Widerstandes. Besonders bewegte mich sein Salzmarsch zum Meer und sein häufiges Fasten. Die ganze Idee des »Satyagraha« machte starken Eindruck auf mich (Satya bedeutet Wahrheit, die Liebe einschließt, und agraha bedeutet Festigkeit, die mit Kraft gleichbedeutend ist; Satyagraha bedeutet daher die Macht, die aus der Wahrheit und der Liebe geboren ist). Als ich tiefer in die Philosophie Gandhis eindrang, nahmen meine Zweifel an der Macht der Liebe allmählich ab, und ich erkannte zum ersten Mal, was sie auf dem Gebiet der Sozialreform ausrichten konnte. Ehe ich Gandhi gelesen hatte, glaubte ich, daß die Sittenlehre Jesu nur für das persönliche Verhältnis zwischen einzelnen Menschen gelte. Das ›Dem biete die andere Backe dar‹ und ›Liebe deine Feinde‹ galt meiner Meinung nach nur dann, wenn ein Mensch mit einem anderen in Konflikt geriet. Wenn aber Rassengruppen und Nationen in Konflikt kamen, schien mir eine realistischere Methode notwendig zu sein. Doch nachdem ich Gandhi gelesen hatte, sah ich ein, wie sehr ich mich geirrt hatte. Für Gandhi war die Liebe ein mächtiges Instrument für eine soziale und kollektive Umgestaltung. In seiner Lehre von der Liebe und Gewaltlosigkeit entdeckte ich die Methode für eine Sozialreform, nach der ich schon so viele Monate gesucht hatte. Was mir intellektuell und ethisch im

Utilitarismus von Bentham und Mill, in den revolutionären Methoden von Marx und Lenin, in der Gesellschaftstheorie von Hobbes, in dem »Zurück-zur-Natur«-Optimismus von Rousseau und in Nietzsches Philosophie vom Übermenschen nicht genügte, fand ich in Gandhis Lehre vom gewaltlosen Widerstand. Ich kam zu der Überzeugung, dass sie für ein unterdrücktes Volk in seinem Kampf um die Freiheit die einzige moralisch und praktisch vertretbare Methode war.

In dieser Zeit las ich Niebuhrs Kritik des Pazifismus. Niebuhr hatte selbst einmal zu den Pazifisten gehört. Mehrere Jahre war er Vorsitzender der Fellowship of Reconciliation (Gesellschaft für Versöhnung) gewesen. Anfang der dreißiger Jahre brach er mit dem Pazifismus. In »Moral Man and Immoral Society« legte er zum erstenmal eine ausführliche Kritik des Pazifismus vor. Er führte darin aus, dass es keinen eigentlichen moralischen Unterschied zwischen gewaltsamem und gewaltlosem Widerstand gebe. Er behauptete, die sozialen Folgen der beiden Methoden seien verschieden, die Unterschiede beständen aber mehr im Grad als in der Art. Später betonte Niebuhr, es sei unverantwortlich, sich auf gewaltlosen Widerstand zu verlassen, wenn es zweifelhaft sei, ob er die Ausbreitung der totalitären Tyrannei erfolgreich verhindern könne. Er könne nur Erfolg haben, wenn die Gruppen, gegen die der Widerstand gerichtet sei, ein gewisses Maß an moralischem Bewusstsein hätten, wie es beim Kampf Gandhis gegen die Engländer der Fall war. Dass Niebuhr schließlich den Pazifismus verwarf, beruhte hauptsächlich auf seiner Lehre vom Menschen. Er führte aus, dass der Pazifismus nicht der Reformationslehre von der Rechtfertigung durch den Glauben gerecht würde, sondern an seine Stelle einen sektiererischen Perfektionismus setze, der lehre, »daß die göttliche Gnade den Menschen aus den Spannungen der Geschichte, die durch die Sünde hervorgerufen wurden, heraus- und über die Sünden der Welt emporhebt«.

Zuerst verwirrte mich Niebuhrs Kritik des Pazifismus. Als ich jedoch weiterlas, erkannte ich mehr und mehr die Unzulänglichkeit seines Standpunktes. Zum Beispiel zeigten viele seiner Ausführungen, dass er den Pazifismus als eine Art von passiver Widerstandslosigkeit gegenüber dem Bösen verstand, in der sich ein naives Vertrauen in die Macht der Liebe ausdrückte. Aber das war eine gefährliche Verdrehung. Mein Studium Gandhis überzeugte mich, dass wahrer Pazifismus nicht einfach Widerstandslosigkeit gegenüber dem Bösen ist, sondern Widerstand ohne Gewalt. Zwischen den beiden Standpunkten besteht ein himmelweiter Unterschied. Gandhi widersetzte sich dem Bösen mit ebensoviel Energie und Gewalt wie der, der gewalttätig Widerstand leistete. Aber er widersetzte sich mit Liebe statt mit Hass. Wahrer Pazifismus ist nicht, wie Niebuhr behauptet, unrealistische Unterwerfung unter die böse Macht. Er ist eher eine mutige Konfrontation des Bösen mit der Macht der Liebe, in dem Glauben, dass es besser sei, Gewalttätigkeit hinzunehmen als selbst gewalttätig zu sein. Der Gewalttätige vermehrt nur die Gewalttätigkeit und Grausamkeit in der Welt, während der, der sie hinnimmt, ein Gefühl der Scham bei seinem Gegner wecken und dadurch eine Umwandlung und Änderung seines Herzens bewirken kann. Obwohl Niebuhrs Philosophie für mein Empfinden noch viel zu wünschen übrigließ, gab es doch mehrere Punkte, bei denen er mein Denken positiv beeinflusste. Niebuhrs großer Beitrag zur zeitgenössischen Theologie ist, dass er den falschen Optimismus, der für einen größeren Sektor des protestantischen Liberalismus charakteristisch ist, widerlegt hat, ohne in den Anti-Rationalismus des europäischen Theologen Karl Barth zu verfallen oder in den Semi-Fundamentalismus anderer dialektischer Theologen. Außerdem hat Niebuhr einen außerordentlichen Einblick in die menschliche Natur, besonders in das Verhalten der Völker und sozialer Gruppen. Er ist sich der Vielschichtigkelt menschlicher Motive und des Verhältnisses zwischen Moral und Macht klar bewußt. Seine Theologie ist eine ständige Mahnung an die Realität der Sünde auf jeder Stufe des menschlichen Lebens. Diese Elemente im Denken Niebuhrs halfen mir, die Illusionen eines oberflächlichen Optimismus hinsichtlich der menschlichen Natur und die Gefahren eines falschen Idealismus zu erkennen. Wenn ich auch noch an das Gute im Menschen glaubte, sah ich doch nun, daß er ebenso eine Anlage zum Bösen hat. Außerdem wurde mir klar, wie stark und wie vielfältig der Mensch von seiner sozialen Umgebung abhängt und welche krasse Wirklichkeit das kollektive Böse ist.

Ich hatte das Gefühl, als ob viele Pazifisten das nicht sähen. Allzu viele hatten einen unberechtigten Optimismus in Bezug auf den Menschen und neigten unbewusst zur Selbstgerechtigkeit. Unter Niebuhrs Einfluß empörte ich mich gegen diese Einstellung und trat niemals einer pazifistischen Organisation bei, obwohl ich stark zum Pazifismus neigte. Nachdem ich Niebuhr gelesen hatte, versuchte ich, zu einem realistischen Pazifismus zu gelangen. Mit anderen Worten: Ich sah die pazifistische Einstellung zwar nicht als sündlos, aber unter den obwaltenden Umständen als das geringere Übel an. Ich glaubte damals und glaube heute noch, dass der Pazifist größere Anziehungskraft hätte, wenn er nicht behaupten würde, frei vom moralischen Dilemma zu sein, dem sich der christliche Nichtpazifist gegenübergestellt sieht. [...]

Friedrich Schorlemmer:

MIT DER KONVERSION BEGINNEN! (1983)

Wenn wir umbauen
die Raketenmäntel zu Wasserbehältern
die Zerstörer zu Passagierdampfern
die Kampf- zu Rettungshubschraubern.

Wenn wir umdenken
die Feinde in Partner
die Macht in Verantwortung.

Wenn wir umsetzen
die Worte in Taten
die Träume in Wirklichkeit.

Dann können wir auch
auf das geschundene Wort FRIEDEN
verzichten.

LIEDER ZUM FRIEDEN
VON KONSTANTIN WECKER

WENN UNSRE BRÜDER KOMMEN (1982)

Wenn unsre Brüder kommen
mit Bomben und Gewehren,
dann wolln wir sie umarmen,
dann wolln wir uns nicht wehren.

Sie sehen aus wie Feinde,
sie tragen Uniformen,
sie sind wie wir verblendet
und festgefahrn in Normen.

Auch wenn sie anders sprechen,
wir wolln mit ihnen reden.
Es solln die Präsidenten
sich doch allein befehden!

Jedoch, bevor sie kommen,
wär's gut, sich zu besinnen.
Ein jeder muss die Liebe
mit sich allein beginnen.

Wenn unsre Brüder kommen
mit Bomben und Gewehren,
dann wolln wir sie umarmen,
dann wolln wir uns nicht wehren.

DER KRIEG* (2014)

Aufgestanden ist er, welcher lange schlief,
Aufgestanden unten aus Gewölben tief.
In der Dämmrung steht er, groß und unerkannt,
Und den Mond zerdrückt er in der schwarzen Hand.

In den Abendlärm der Städte fällt es weit,
Frost und Schatten einer fremden Dunkelheit,
Und der Märkte runder Wirbel stockt zu Eis.
Es wird still. Sie sehn sich um. Und keiner weiß.

Auf den Bergen hebt er schon zu tanzen an
Und er schreit: Ihr Krieger alle, auf und an.
Und es schallet, wenn das schwarze Haupt er schwenkt,
Drum von tausend Schädeln laute Kette hängt.

Über runder Mauern blauem Flammenschwall
Steht er, über schwarzer Gassen Waffenschall.
Über Toren, wo die Wächter liegen quer,
Über Brücken, die von Bergen Toter schwer.

In die Nacht er jagt das Feuer querfeldein
Einen roten Hund mit wilder Mäuler Schrein.
Aus dem Dunkel springt der Nächte schwarze Welt,
Von Vulkanen furchtbar ist ihr Rand erhellt.

---

* Konstantin Wecker hat Georg Heyms Gedicht »Der Krieg« von 1917 weitergedichtet, siehe neunte Strophe (ab »Hundert Jahre ist der große Text nun alt«).

Und mit tausend roten Zipfelmützen weit
Sind die finstren Ebnen flackend überstreut,
Und was unten auf den Straßen wimmelt hin und her,
Fegt er in die Feuerhaufen, daß die Flamme brenne mehr.

Und die Flammen fressen brennend Wald um Wald,
Gelbe Fledermäuse zackig in das Laub gekrallt.
Seine Stange haut er wie ein Köhlerknecht
In die Bäume, daß das Feuer brause recht.

Über sturmzerfetzter Wolken Widerschein,
In des toten Dunkels kalten Wüstenein,
Daß er mit dem Brande weit die Nacht verdorr,
Pech und Feuer träufet unten auf Gomorr

Hundert Jahre ist der große Text nun alt,
eine Ode gegen Kriege und Gewalt.
Doch er konnte uns wohl nicht erreichen,
wenn man sieht, wie sich die Bilder gleichen.

Gibt es einen, der im Kriege nicht verlor?
Und nun sind der Kriege mehr, als je zuvor.
So viel Städte sind zerstört im gelben Rauch,
warfen lautlos sich in tiefen Abgrunds Bauch.

Und schon wieder hört man herrisch Krieger schrein,
aus den Dunkelheiten droht ihr Widerschein.
Wieder wälzt sich die Vernunft dumpf in Gewalt,
abgestorben ist das Hirn. Das Herz ist kalt.

Zahllos sind die Leichen schon im Schilf gestreckt,
von des Todes starken Vögeln weiß bedeckt.
Bleiche Kinder flehn uns händeringend an:
Macht ein Ende mit dem Irrsinn irgendwann.

Irgendwann? Nein jetzt! Wir müssen sehn
wie wir den Gewalten widerstehn,
denn sonst heißt es wieder eines Tages dann:
Seht euch diese dumpfen Bürger an –
großen Schrittes kam der Krieg mit aller Macht
und sie sind zum dritten Mal nicht aufgewacht.

PAZIFISTISCHES CREDO (2014)

Liebe Freunde,
Auch wenn ich selbst in die Welt hinaus zöge
waffenstrotzend
um das Böse zu besiegen
ich könnte die kriegerischen Mörderbanden nicht
stoppen
und auch die mächtigsten Waffen in der Hand ihrer Gegner
können sie nicht stoppen
denn sie erzeugen immer neues Gemetzel.
Was man mit Gewalt gewinnt, kann man nur mit
Gewalt behalten
weiß Gandhi
und wenn schon dieser Kreislauf nicht von den meisten anderen
durchbrochen wird
so bleibt mir nur
ihn in meinem Herzen zu durchbrechen
und zu hoffen
dass es mir gelingt, gewaltfrei zu bleiben
auch wenn auf mich angelegt werden sollte.
Und wäre ich mit diesem Glauben allein auf der Welt
so würde ich von meiner bedingungslosen Liebe zum Frieden nicht
ablassen
denn mittlerweile wäre es mir weniger wichtig, mein
Leben zu verlieren
als meinen Glauben an die Schönheit dieser Utopie.
Es wird immer einen Grund geben, andere zu bekämpfen
und diesem Kampf zu entsagen

kann man nur für sich allein entscheiden.
Deshalb sind mir Uniformen so zuwider
und alles Militärische
denn da wird immer einer sein
der mir befehlen wird zu schießen
und der mir sagen wird
er wüsste, was gut und richtig sei
und was böse und falsch.
Ich fordere die Freiheit dieser Entscheidung nur für mich
und ich werde nie versuchen
sie jemand anderem aufzuzwingen.
Aber werben möchte ich dann doch dafür
am liebsten mit den Mitteln der Poesie und der Musik.
Das Gewalttätige mag tief in jedem Menschen
verborgen sein
und manchen steht es sogar stolz auf der Stirn geschrieben
aber es kann nicht die eigentliche Bestimmung
des Menschen sein
denn es ist der Tod der Liebe
aus der wir alle geboren sind
und die uns allein erlösen kann.
Mögen es manche feige nennen, dumm oder naiv
ich hoffe, ich werde, wo ich es vermag
den Bedrängten helfen
aber ich will es nicht tun
indem ich neue Gewalt aussäe.
Und sollte sich dereinst erweisen
dass ich mich geirrt habe
bitte ich um Vergebung.

DIE MORDNACHT VON KUNDUS (2014)

Was solls, sagt bräsig der General
und nestelt an seinen Orden:
Wir sind nun mal im Krieg und da wird
bekanntlich auch manchmal gestorben.

Die OffizierInnen nicken devot
Im übervollen Casino.
Und überhaupt: die Wahrheit liegt,
Wie man so sagt, in vino.

Fettes Gelächter. Es lacht sich gut
In militärischen Runden.
Schwamm drüber. In ein paar Wochen ist
Der Spuk sowieso verschwunden.

Wir schreiben das Jahr zweitausendundneun,
die Geschichte scheint vergessen.
Man spielt wieder mit, man ist wieder wer,
Es wird wieder ausgesessen.

Die Mordnacht von Kundus erregt kein Gemüt.
Allenfalls Diskussionen.
Doch eines ist klar, im Zweifelsfall
Sind eigne Soldaten zu schonen.

Wer will schon Särge im eigenen Land?
Die wiegen politisch schwer.
Die toten Kinder der Feinde indes
Die zählt man einfach nicht mehr.

Die standen zur falschen Zeit herum
Man hört sie auch hier nicht schrein.
Man beerdigt sie nicht militärisch in Ehren.
Sie hören schlicht auf zu sein.

Ich frage Sie, Herr General,
wenn Sie die Augen schließen,
sind Ihnen die Mütter dann egal,
oder sehen Sie die Tränen fließen?

Sie haben ein Herz, wie andere auch,
was ist denn da nur passiert?
Hat man es mit Gehorsam und Drill
Ihnen aus Ihrem Leib exerziert?

So hat es begonnen zweitausendundneun,
da haben wir uns wieder verschuldet.
Da wurde in Deutschland schäbiger Mord
von höchster Stelle geduldet.

Man nennt es Krieg, es müsse so sein,
so war das doch immer gewesen.
Ich nenne es Mord und ich bleibe dabei:
Die Kinder zahlen die Spesen.

Diese vermaledeite Tat,
sie will mir nicht aus dem Sinn,
und wenn wir heute wieder marschieren,
dann war sie der Beginn.

Alles vergessen, was früher war,
all die verstümmelten Horden.
Deutschland schickt sich wieder an,
im Namen der Freiheit zu morden.

NEUE TEXTE ZUM FRIEDEN

MARGOT KÄSSMANN:
Plädoyer für eine Prima Ratio

Wenn ich mich als Frau der Kirche für den Frieden einsetze, wird mir oft die Kirchengeschichte entgegengehalten. Wie war das mit den Kreuzzügen? Wurde da nicht fortdauernder Hass geschürt? Was ist mit Hexenverfolgung und Inquisition – ist das Christentum per se gewalthaltig? Wie oft hat die Theologie den Krieg als »gerecht« legitimiert? Hat nicht auch das Augsburger Bekenntnis 1530 erklärt, auch ein Soldat könne »christlichen Standes« sein?

Um es vorweg zu nehmen: Ich persönlich bin überzeugt, dass die Theologie ebenso wie die Kirche in die Irre gegangen sind, wann immer sie Gewalt legitimiert haben. Jesus Christus war kein Revolutionär mit der Waffe in der Hand. Er hat Frieden gepredigt, nicht Krieg, Feindesliebe, nicht Hass. Theologie hat zu fragen, wie sich das umsetzt im jeweiligen Kontext.

Wider die theologische Rechtfertigung von Gewalt

Krieg ist für mich nicht Ultima Ratio, weil Ratio Vernunft heißt. Und im Krieg setzt die Vernunft aus. Da vergewaltigen serbische Männer ihre bosnischen Nachbarinnen. Da wird mit der Wilhelm Gustloff ein Schiff mit 9000 Flüchtlingen an Bord versenkt. Da metzeln Hutu Tutsi in einer Kirche nieder. Da lassen argentinische Generäle Menschen zu Tode foltern und Kinder verschwinden. Da werden in Mozambique Kinder zu Soldaten gemacht und dazu gezwungen, ihre eigenen Eltern zu töten, weil sie dadurch besonders grausame Kämpfer werden. Da verhungern und erfrieren in und um Stalingrad Hunderttausende. Krieg ist das Ende aller Vernunft. Krieg ist nicht die Fortsetzung der Politik mit anderen Mittel, sondern das Ende der Politik.

Übrigens ist mir sehr bewusst, dass ein Votum gegen den Krieg noch kein Freibrief ist nach dem Motto des Pilatus: Ich wasche meine Hände in Unschuld. Zudem habe ich hohe Achtung vor der Verantwortung des Einzelgewissens. Allerdings muss es sich auch um eine verantwortliche und reflektierte Haltung handeln vor Gott und den Menschen.

Die Zahl der Kriege ist im Jahr 2013 nach einer Untersuchung des Heidelberger Instituts für Internationale Konfliktforschung gestiegen. 20 Kriege wurden gezählt. Dazu kommen die unerklärten Kriege, die 414 bewaffneten Konflikte, von denen 45 als hochgewaltsam eingestuft werden. Da kämpfen marodierende Banden und selbsternannte Gotteskrieger, Verhandlungspartner sind nicht mehr auszumachen. Das Grauen der Zivilbevölkerung aber ist umso größer.

Ich will aber dennoch die Hoffnung nicht aufgeben, dass Menschen zum Frieden fähig sind. Die Hoffnung, dass eines Tages Menschen Pflugscharen aus ihren Schwertern schmieden werden und niemand mehr übt für den Krieg (Micha 4,3f.).

Christliche Perspektiven

Christinnen und Christen haben in sozialethischen Debatten auf theologischer Grundlage zu argumentieren. Die Kirchen haben zum Frieden zu rufen und keine Rechtfertigung für Krieg abzuliefern. Dietrich Bonhoeffer sagte 1934 auf einem Kirchentreffen in Fanoe: »Nur das eine große ökumenische Konzil der Heiligen Kirche Christi aus aller Welt kann es so sagen, dass die Welt zähneknirschend das Wort vom Frieden vernehmen muss und dass die Völker froh werden, weil diese Kirche Christi ihren Söhnen im Namen Christi die Waffen aus der Hand nimmt und ihnen den Krieg verbietet und den Frieden ausruft über die rasende Welt.«

Für unsere Kirchen heißt das: das Thema Frieden auf die Tagesordnung setzen. Auf der internationalen Ebene entschieden für Konfliktbewältigung eintreten, beispielsweise im Kongo – aber unter UN-Mandat. Die Auseinandersetzung mit dem Terror suchen und dem Krieg jede religiöse Legitimation entziehen.

Was also haben die Kirchen zu tun?

Theologisch gilt es daran zu arbeiten, dass endlich für die Kirchen der Welt klar wird: Krieg soll nach Gottes Willen nicht sein. Wir glauben nicht an einen Kriegsgott, sondern an den Gekreuzigten.

Gewaltfreie Konfliktbewältigung muss endlich Anerkennung erhalten. Es wäre gut, das an einem Beispiel aufzuzeigen, durchzubuchstabieren, öffentlich zu machen, um Akzeptanz zu gewinnen.

- *Zivile Friedensdienste sind zu fördern.*
- *Korruption, Waffenhandel und Drogenschmuggel sind zu bekämpfen.*

- *Die UN braucht Unterstützung durch Kirchen und Religionsgemeinschaften.*
- *Frühzeitige Mediation und Krisendiplomatie, wie sie zwischen EU bzw. NATO und Russland notwendig gewesen wären.*
- *Der Aufbau einer soliden Zivilgesellschaft, die verhindert, dass Staaten gegenüber marodierenden Banden wie Boko Haram versagen.*
- *Frieden schaffen* mit *den Menschen – »win hearts and minds of the people«. Das Gegenbeispiel ist der Irakkrieg mit 130 000 Toten und dem Entstehen des IS als Konsequenz.*
- *Kirchen müssen Konflikte untereinander friedlich lösen.*
- *Das Weltparlament der Religionen sollte ernster genommen werden.*

Am 4. Februar 2001 wurde die Ökumenische Dekade »Gewalt überwinden« in Potsdam und in Berlin eröffnet. Kirchen in aller Welt beteiligten sich daran. Sie wollten aktiv beitragen zur Überwindung von Gewalt. In der Botschaft, die bei der offiziellen Feier im Berliner Haus der Kulturen 2001 verlesen wurde, heißt es unter anderem: »Wir rufen alle Kirchen und ökumenischen Organisationen nachdrücklich auf, Gemeinschaften des Friedens zu sein und aufzubauen, [...] gemeinsam Buße zu tun für unsere Mitverantwortung für Gewalt; [...] sich dafür einzusetzen, den Teufelskreis der Gewalt zu durchbrechen; [...]«. Im Mai 2011 wurde die Dekade in Jamaica beendet. Doch das Thema ist damit nicht an sein Ende gekommen.

Viel zu lange wurde Gewalt theologisch legitimiert. Wenn

wir aber das Zeugnis von Jesus Christus selbst aufsuchen, dann finden wir mit der Botschaft von der zweiten Meile und der anderen Wange eine Haltung kreativer Gewaltlosigkeit. Der amerikanische Theologe Walter Wink hat das auf beeindruckende Weise dargestellt. Oder nehmen wir die Szene Jesus in Gethsemane: »Stecke das Schwert an seinen Ort [...]«. Jesus durchbricht den Kreislauf der Gewalt durch seine aktive Gewaltfreiheit. Ja, ich denke, es war richtig, dass die genannte Dekade zuallererst an der Bibel neu ansetzte und aus dem biblischen Zeugnis Mut zur Gewaltfreiheit abgeleitet hat. Es geht darum, vom Frieden her zu denken!

Ich halte es für die entscheidende Frage heute, ob wir die Erfahrungen mit ziviler Konfliktbewältigung endlich als erfolgreiche Möglichkeit darstellen können! Gelernt wird an konkreten Beispielen. Ich denke etwa die Nonviolent »Peace Force« in Sri Lanka. Oder auch der Einsatz von »Peace Brigades International« in Kolumbien. Die Bemühungen von »Aktion Sühnezeichen« in Israel. Immer wieder wird der zivile Friedensdienst kaum wahrgenommen. Wenn ein Konflikt eskaliert, scheint immer wieder Gewalt, Militäreinsatz die einzige Lösung. Millionen von Dollar und Euro werden in militärische Lösungen investiert. Wer investiert wie viel in die Erprobung ziviler Konfliktbewältigung? Sollten wir solche Erfahrungen nicht viel stärker in die Öffentlichkeit tragen? Das Gleiche gilt für erfolgreiche Versöhnungsprozesse etwa in Südafrika. Markus Weingardt hat in einer Studie gezeigt, wie oft religiös motivierte Akteure zum Frieden beitragen. An 44 internationalen Konflikten konnte das belegt werden. Doch diese Geschichten werden allzu selten erzählt …

Europa hat grausam genug erlebt, was es heißt, andere mit Krieg zu überziehen und wie eine Zivilbevölkerung unter den Großmachtphantasien Einzelner leiden kann. Sollte es nicht möglich sein, aus den Erfahrungen von Vernichtung und Vertreibung, von Zerstörung und Flucht ein tief verwurzeltes Engagement für friedliche Konfliktlösungen voranzutreiben, und zwar von den Religionen in Europa her? Doch, ich bin überzeugt, da können wir Vorreiter sein! Es geht darum, dass wir aus der Erfahrung der Vergangenheit heraus an der Spitze der Bewegung für eine friedensfähige Welt stehen!

Friedrich Siegmund Schultze hat 1946 formuliert: »Der Hass ist sicherlich eine der stärksten Mächte im Leben der Menschheit. […] Der Hass zerstört die Güter, die die Menschheit empfing und vermehrte. Diese reiche Erde, den Menschen als Besitz anvertraut, droht die Stätte ihres Unterganges zu werden. Der Garten, der aus der Wildnis erstand, wird wieder zur Wüste.

Die Felder, mit unendlicher Mühe angelegt, werden versengt. […] All die Kräfte, die dem Aufbau dienen sollten, werden in den Dienst des Todes gespannt. […] Vielleicht, dass nicht in jedem Fall, in dem die Erde versengt oder der Tod gestreut wird, der Hass den Zerstörer treibt; aber unsichtbar steht der Dämon des Hasses hinter dem, der die Bombe plant oder wirft.

Und die Menschheit lässt sich wie stets in die Verantwortungslosigkeit hineinschläfern, die die Tat ermöglicht, die den Täter schützt, ja bewundert.«

Nein, wir dürfen uns nicht in eine Verantwortungslosigkeit hineinschläfern lassen! Als Christin sehe ich den Friedensauftrag biblisch begründet. Und es ist mir wichtig, mit Menschen anderer Religionen zusammenzuarbeiten, die sich für die Überwindung von Krieg einsetzen. Das ist nicht naiv, sondern hoffnungsvoll. Und es ist letzten Endes ein Eintreten für Menschenwürde, ja Menschlichkeit und Zukunftsfähigkeit.

Dabei ist es wichtig, die Hoffnungsgeschichten weiterzuerzählen, auch zu sehen, wo Friedensfähigkeit wächst. Seit den 90er Jahren wurden mehr Kriege durch Verhandlungen zwischen den Gegnern als durch den Sieg einer Seite beendet. Zwischen 2000 und 2005 wurden 17 gewaltsame Konflikte durch Verhandlungen und nur drei durch »Siege« beendet.

Friedensschlüsse scheinen stabiler als frühere Abkommen. Wenn diese Welt jedes Jahr eine Billion Dollar für Verteidigung ausgibt, kommt sie vielleicht endlich dazu, einen Bruchteil dieser Summe für Prävention, Friedensinitiativen und die Stabilisierung von Frieden bereitzustellen. Es bleibt die große Hoffnung, dass die Menschheit den Krieg überwinden kann. Und ich bin zutiefst überzeugt, die Religionen können dazu einen entscheidenden Beitrag leisten, indem sie je einzeln, aber auch gemeinsam für den Frieden eintreten, Feindbilder überwinden, Dialoge führen und Vertrauen schaffen über die Grenzen von Nationen, Kulturen und religiöser Überzeugung hinweg. Auch islamistischer Terror kann diese Hoffnung nicht zerstören.

Die Grundlagen dafür legt die Theologie. Sie hat Wirkkraft in die religiöse Institution hinein, mit Blick auf die religiös motivierten Akteure und bis in den Alltag vor Ort, denke ich. Wenn das keine Herausforderung ist!

Als sich im Jahr 1997 der Exekutivausschuss des ÖRK im Kloster von Kykkos auf Zypern traf, verabschiedete er eine Stellungnahme zur Situation des geteilten Landes. In dieser wurde die Invasion Zyperns durch türkisches Militär im Jahr 1974 deutlich missbilligt und die jüngsten Gewalthandlungen entlang der Pufferzone beklagt. Mit der Stellungnahme bekräftigte der Rat nochmals die Unterstützung einer umfassenden Beilegung des Zypern-Konflikts auf dem Verhandlungsweg. Die anderen Mitgliedskirchen des ÖRK wurden dazu aufgefordert, die Kirche in Zypern zu unterstützen und in ihrem Bemühen um Treue zu Jesus Christus, dem Friedensfürsten, zu begleiten. Eines Morgens wurde während des Gottesdienstes in der alten Kapelle des Klosters Psalm 3 gelesen: »Auf, HERR, und hilf mir, mein Gott! Denn du schlägst alle meine Feinde auf die Backe und zerschmetterst der Gottlosen Zähne.« Einige Mitglieder des Exekutivausschusses empfanden einen tiefen Widerspruch zwischen der Beschreibung eines gewalttätigen Gottes und der Stellungnahme zu Zypern, der sie gerade zugestimmt hatten.

Viele Christinnen und Christen sind irritiert, dass einige biblische Texte vom gewalttätigen Handeln Gottes sprechen oder an dieses appellieren. Der gewalttätige Gott und die Gewalt des Volkes Gottes sind im hebräischen Teil der Bibel kein vereinzeltes Thema. Ein Wissenschaftler hat im Alten Testament 600 Textstellen mit expliziter Gewalt gezählt und 1000 Verse, in denen gewaltsames Handeln auf Gott zurückgeführt wird – Geschichten, in denen Gott das Töten befiehlt sowie solche, in denen Gott selbst andere tötet. Jahwe wird als Krieger beschrieben (Exodus 15,3), er benutzt Waffen (Habakuk 3,9.11-12), Gott kämpft sogar aktiv gegen das erwählte Volk (Klagelieder 2,5). Es ist nicht einfach, sich mit diesem Erbe zu beschäftigen. Manche sind der Auffassung, dass diese Sprache nur ein Hinweis darauf ist, dass Gott sich nicht von der Geschichte fernhält, sondern vielmehr an ihr beteiligt ist, dass Gott sich in realen Konflikten engagiert und so auf die göttlichen Ziele hinarbeitet. Andere wenden dagegen ein: »Können wir sagen, dass bei Gott der Zweck die Mittel rechtfertigt, wenn wir wissen, dass dies zwischen Menschen nicht der Fall ist?«

In den letzten Jahren wurde der These von René Girard große Aufmerksamkeit gewidmet. Nach Girards Auffassung ist die Gewalt in der Bibel nötig, um die heilige Gewalt als Lüge bloßzustellen. Seine Behauptung, dass ein gewaltloser Gott Gewalt gebraucht, um sie zu entlarven und um auf diese Weise die gewaltlose Natur des Göttlichen zu offenbaren, ist aufschlussreich und ansprechend, wenngleich auch sehr komplex. Sie unterstreicht die Aufgabe der Christenheit, wie Jesus Zeugnis abzulegen von der Überwindung der Gewaltmechanismen. Aber hier ist Vorsicht geboten, um nicht den Eindruck einer tiefen Trennung zwischen dem Alten Testament und dem Neuen Testament zu erwecken. Wenn das Neue Testament als Offenbarung einer »besseren Religion« verstanden wird, dann könnte der erste Teil der Bibel leicht als eine zweitrangige Offenbarung herabgestuft oder vom christlichen Glauben sogar in der Art der markionitischen Häresie abgeschafft werden. Dies unterstreicht die Notwendigkeit, die gesamte Frage der Gewalt im interreligiösen Dialog – insbesondere zwischen Christen, Juden und Moslems – aufzugreifen.

Tatsächlich kann bezüglich der Legitimierung der Gewalt im hebräischen Teil der Bibel eine Ambivalenz festgestellt werden. Dies liegt zum Teil an den unterschiedlichen Kontexten und Wahrnehmungen der Autoren. Die Sehnsucht aber nach einem Gott, der für das Volk kämpft, und das Verständnis einer Krise als Strafe Gottes sind in fast allen Religionen und Kontexten einschließlich des Christentums bekannt. Soldaten trugen »Gott mit uns« auf ihrem Gürtel und Revolutionäre warben mit Slogans wie »Gott ist an der Seite des Volkes« für Unterstützung.

Neben den klaren Belegen für einen Kriegsgott läuft jedoch ein roter Faden der Gewaltfreiheit durch das Alte Testament. Dies ist ein spannender Aspekt, der selten beachtet wird. Anstatt immer wieder von der Rechtfertigung der Gewalt im hebräischen Teil der Bibel irritiert oder abgestoßen zu werden, sollte auf Texte wie die Geschichte von Schifra und Pua hingewiesen werden, eine Erzählung von mutigem zivilen Ungehorsam – um es in Begriffen unserer Zeit zu auszudrücken (Exodus 1,15-22). Oder zum Beispiel Jesaja 53, der bekannte Text über den leidenden Knecht, der sich selbst dem Tod hingibt und vor dem die anderen ihr Gesicht verbergen.

Wir können an Micha 4,2-4 denken, wo Schwerter zu Pflugscharen werden – oder an viele andere visionäre Texte der Propheten. Gott schenkt Schalom und Gott befreit. Gott führt die Israelitinnen und Israeliten aus Ägypten heraus, heraus aus einem Leben in Unterdrückung und Gewalt. Es gibt Gewalt, aber Gott gibt sich mit dieser Situation nicht zufrieden. Gott gibt die Kraft und die Kreativität, um die Ketten der Unterdrückung gewaltfrei zu durchbrechen. Gott wirkt befreiend. Gott verbietet schon im Bund mit Noah (1. Mose 9, 6) und in den Geboten, Menschen zu töten.

Im hebräischen Teil der Bibel findet sich eine Fülle von Zeugnissen, die Gott als die Quelle des Shalom beschreiben. Dem Volk und der Schöpfung wird Frieden zuteil; die Propheten wurden zu Streitern für den Frieden. Die Dekade zur Überwindung der Gewalt kann solchen Texten ein neues Gewicht verleihen. Es gibt noch viel zu entdecken – genauso, wie die Feministische Theologie neue Einsichten für die Lektüre der Schrift ermöglicht hat, geschieht dies vielleicht auch bei der Suche nach dem roten Faden der Gewaltfreiheit.

Die Botschaft des Neuen Testaments ist ganz klar: In der Bergpredigt eröffnet Jesus eine ganze Reihe neuer Kategorien. Selig sind nicht die Krieger und Kriegerinnen, die Heldinnen und Helden, die Freiheitskämpfer und Freiheitskämpferinnen, die Starken und Mutigen, sondern die Armen im Geist, die Leidtragenden, die Sanftmütigen und die, die hungern und dürsten nach Gerechtigkeit, die Barmherzigen, die, die reinen Herzens sind, die Friedfertigen und die Verfolgten. Was für ein Widerspruch zur Realität dieser Welt!

Die Bergpredigt wurde oft als unrealistischer, romantischer Text abgetan, der in einer Welt des Kampfes, der Macht und der Angst im Grunde nutzlos ist. Der frühere westdeutsche Bundeskanzler Helmut Schmidt hat einmal behauptet, mit der Bergpredigt könne man keine Politik machen. Dic Worte Jesu über das Vergelten (Matthäus 5, 38ff; Lukas 6,29ff) wurden oft zitiert, um die Unzulänglichkeit des Evangeliums als Richtschnur für das Leben in der wirklichen Welt zu beweisen: »Es schien unausführbar, masochistisch, selbstmörderisch – eine Aufforderung an brutale Kerle und Männer, die ihre Frauen schlagen, mit ihren wehrlosen christlichen Opfern zu machen, was sie wollen.« Gleichwohl stellt wahrscheinlich kein anderer Text des Neuen Testaments eine derartige Anfrage an unsere Realität dar und gibt so viel Hoffnung, dass die Verhältnisse in dieser Welt anders sein könnten und in Gottes Zukunft anders sein werden.

Walter Wink hat eine brillante und wichtige Differenzierung zwischen Widerstandslosigkeit und Gewaltfreiheit getroffen. Bei genauem Hinsehen zeigt er, dass das »Hinhalten der anderen Wange« den Aggressor erniedrigt, dass das Geben des Untergewands die Grausamkeit entlarvt und dass das »Gehen einer zweiten Meile« eine mögliche Form des Protests ist.

Nach dieser Interpretation von Wink hat Jesus kreativ die Methoden des gewaltfreien Widerstands genutzt, um den Mächtigen die Stirn zu bieten und um die Gemeinschaft wiederherzustellen.

Die Entdeckung, dass die Bergpredigt zu Gewaltfreiheit, nicht aber zu Widerstandslosigkeit aufruft, ist faszinierend. Jesus selbst ist den Weg des gewaltfreien Widerstands ganz bis zum Ende gegangen. Als er am Kreuz starb, blieb er noch immer eine Provokation für die Mächtigen. Über seinen Tod hinaus wurde offensichtlich, dass er nicht besiegt wurde, sondern eine Herausforderung für die Mächte der Gewalt bleibt. Die von Menschen ausgeübte Gewalt hat nicht das letzte Wort – das ist ein gewichtiges Element des christlichen Glaubens an die Auferstehung.

Dennoch finden sich auch im Neuen Testament einige Stellen, die oft zur Rechtfertigung von Gewalt benutzt wurden. Eine davon ist die Geschichte von der Tempelreinigung Jesu (Matthäus 21,12ff; Markus 11,15ff): Jesus treibt die Kaufenden und Verkaufenden aus dem Tempel, stößt dabei Tische und Stühle um und benutzt nach der verwandten Darstellung im Johannesevangelium (2,13-16) sogar eine Geißel. Verschiedene Erklärungen sind vorgeschlagen worden, zum Beispiel, dass dies als eine prophetische Handlung zu interpretieren sei. Aber wenn Jesus wahrer Mensch war, dann könnte auch angenommen werden, dass sein Zorn in diesem Fall stärker war als seine Überzeugung, dass Gewaltfreiheit der richtige Weg ist. Es ist offensichtlich, dass der Rückgriff auf Gewalt in vielen Fällen ein Zeichen von Schwäche ist, eine Unfähigkeit, anders zu handeln, weil die Emotionen zu stark sind. Warum sollte es nicht möglich sein, Jesus so zu sehen – aufgebracht wegen des Missbrauchs des Tempels für ökonomische Zwecke und so wütend, dass er die Geduld verlor? Wenn das Konzil von Chalcedon 451 erklärt hat, dass Jesus gleichzeitig wahrer Mensch und wahrer Gott war, dann können wir menschliche Schwächen an ihm sehen, ohne seinen göttlichen Charakter aus dem Blick zu verlieren.

Ein anderer Text, der oft gegen einen pazifistischen Ansatz gewendet wird, ist Matthäus 10,34ff: »Ich bin nicht gekommen, Frieden zu bringen, sondern das Schwert.« Manche behaupten, dass Jesus hier nicht über die Menschen spricht, sondern über die Obrigkeiten. Wird der Vers jedoch im Zusammenhang der warnenden Voraussagen Jesu über die feindliche Aufnahme der Jünger (vgl. Lukas 12,51 – nicht Friede, sondern Zwietracht) betrachtet, kann er verstanden werden als Vorbereitung auf die Tatsache, dass das Evangelium und die, welche es verkünden, abgelehnt werden: »Diese Voraussage bezieht sich auf Märtyrer, nicht auf Mörder.«*

Im Garten von Gethsemane fordert Jesus später einen seiner Jünger, der sich der Gefangennahme widersetzt, klar und deutlich auf: »Stecke dein Schwert zurück an seinen Ort! Denn wer das Schwert nimmt, der soll durch das Schwert umkommen« (Matthäus 26,52). Dies zeigt, dass Jesus sich des Kreislaufs der Gewalt sehr bewusst war. Er kannte die Realität der Macht und der Gewalt. Für Christen und Christinnen ist jedoch eine andere Logik maßgebend: Wer groß sein will, soll Dienerin und Diener der anderen sein (Mat-

---

* Paul N. Anderson, Jesus and Peace, in: Marlin E. Miller / Barbara Nelson Gingerich (Hg.), The Church's Peace Witness, Grand Rapids 1994, S. 121 (Übersetzung MK).

thäus 20,26). Die Lehre Jesu als Ganze kann nicht durch Einzelverse wie Lukas 22,36 (»wer kein Schwert hat, verkaufe seinen Mantel und kaufe eins«) in Frage gestellt werden. Vielmehr sehen wir ein Konzept, das die weithin akzeptierte »Normalität« der Gewalt hinterfragt.

Oft hat Jesus seine Jünger provoziert – als er mit dem Zöllner aß, den Kindern zuhörte und den liebte, der ihn verriet. Sein Leben und die Geschichten, die er erzählte, lehren eine Ethik, die alle Beteiligten einbezieht. Übertragen auf Konfliktsituationen bedeutet dies, die unterschiedlichen Motive sowie die Folgen für alle beteiligten Gruppen zu berücksichtigen. Ein Mediationsansatz zur Konfliktlösung funktioniert auf die gleiche Art und Weise.

Niemand weiß im Voraus, ob er oder sie in kritischen Situationen tatsächlich die Kraft haben wird, dem Gebrauch von Gewalt zu widerstehen. Darum ist auf der Seite der Befürworterinnen und Befürworter der Gewaltfreiheit große Demut nötig. Es steht Christinnen und Christen nicht an, jemanden zu verurteilen, der oder die zur Verteidigung der Menschenrechte, seines oder ihres Volkes, der Familie oder seiner oder ihrer selbst Gewalt gebraucht. Aber die Lehre Jesu wird immer in einem scharfen Widerspruch dazu stehen. Jesus hat sich mit den Armen und Schwachen identifiziert, aber er hat keine Gewalt gebraucht, um ihre Situation zu verändern oder um sie oder sich selbst zu verteidigen. Er selbst wurde nach dem Gesetz eines Militärregimes gewaltsam getötet. Auch wenn die wenigen Stellen in Betracht gezogen werden, in denen Jesus Gewalt zu rechtfertigen scheint, »muss man die ganzen evangelischen Berichte verdrehen und uminterpretieren, ... wenn man aus Jesus einen Guerillakämpfer, einen Putschisten, einen politischen Agitator und Revolutionär und seine Botschaft vom Gottesreich zu einem politisch-sozialen Agitationsprogramm machen will«.

Jesus ruft offenkundig zu einer Friedensethik auf, zur Feindesliebe ebenso wie zur Nächstenliebe. Wenn es in Johannes 15,13 heißt: »Niemand hat größere Liebe als die, dass er sein Leben lässt für seine Freunde.« Das bezieht sich auf die aufopferungsvolle Liebe, nicht auf das Töten eines anderen um eines Freundes willen. Jesus ermutigt uns zu dem Wagnis, den Weg der Gewaltfreiheit zu gehen. Wink behauptet, dass er einen dritten Weg zwischen Gewalt und Gewaltfreiheit als Methode des Widerstands gegen die Mächte der Unterdrückung gelehrt hat.

In Bezug auf die hebräische Tradition muss zwischen zwei Traditionen, zwei Gottesbildern differenziert werden. Jesus hat eine Wahl für uns getroffen, da er auf der einen Seite die Ambivalenz zwischen dem Zorn Gottes und der Liebe Gottes nicht aufgelöst hat, auf der anderen Seite aber seinen Anhängerinnen und Anhängern unmissverständlich geraten hat, ihre Feinde zu lieben und für ihre Verfolger zu beten (Matthäus 6,44f). Ja, es gibt ihn auch, den zornigen, den strafenden Gott. Aber: Die Friedfertigen werden Kinder Gottes genannt (Matthäus 5,9). »Der Krieg, der den Jüngern Jesu bevorsteht [...], ist ›umgekehrtes Kämpfen‹ – die Annahme der Ungerechtigkeit, die einem selbst angetan wird, des Schmerzes, des Leides und sogar des Todes.« Auf dieser Basis sollte die Ablehnung der Gewalt – nicht die Verurteilung der Menschen, die Gewalt gebrauchen – der eindeutige Beitrag der Kirchen sein.

Um Gottes Willen: kein Krieg!

Der Weg der evangelischen Kirche zum »gerechten Frieden« war lang. Vor mehr als 70 Jahren hegte Dietrich Bonhoeffer wie gesagt große Hoffnungen, die ökumenische Bewegung werde Vorkämpferin des Friedens werden. Wenn sich die Kirchen der Welt im Gespräch miteinander verständigten, könnten sie Widerstand leisten, gegen nationalistische Parolen wie gegen Kriegstreiberei. Diese Hoffnung wurde vielfältig enttäuscht, aber sie wurde auch vielfältig verwirklicht. Christen etwa, deren Länder durch Nazideutschland terrorisiert worden waren, besuchten bereits im Oktober 1945 in einer überwältigenden Geste der Versöhnung den Rat der Evangelischen Kirchen in Deutschland und luden die evangelischen Kirchen ein, Gründungsmitglieder des Ökumenischen Rates zu werden. Daran erinnern wir uns bis heute in tiefer Dankbarkeit. Der Friedensimpuls wurde zum Cantus Firmus des Ökumenischen Rates. Seine Impulse zu Gerechtigkeit, Frieden und Schöpfungsbewahrung wurden auch umgesetzt, als 1989 der Ruf »Keine Gewalt!« aus den Gottesdiensten der Kirchen hinausgetragen wurde auf die Straßen von Leipzig, Dresden und Berlin und damit der Weg eröffnet wurde zur ersten gewaltlosen Revolution in Deutschland, ja in der europäischen Geschichte. Die Kirchen in Deutschland haben aus ihrem Versagen in der Vergangenheit gelernt.

Ich wehre mich dagegen, dass religiöse Sprache für politische Ziele missbraucht wird, dass Politiker Gott für Kriege, für ihre Seite, für Nationen in Anspruch nehmen. Wir müssen dagegen Einspruch erheben, dass Kriege als »heilig« oder gar als »Kreuzzüge« bezeichnet werden. Soll Gott denn nicht alle Menschen und Nationen schützen? Steht nicht in der Bibel: »Selig sind die Friedfertigen«? Gotteslästerung ist auch die Redeweise islamischer Fundamentalisten, die sich auf Gott berufen, um ihren menschenverachtenden Terrorismus zu rechtfertigen. Es gibt keine gerechten Kriege und schon gar keine heiligen!

Ja, wir sollten gläubige Muslime auffordern, sich von fanatischen, irregeleiteten Terroristen zu distanzieren, die meinen, im Namen Allahs töten zu dürfen. Was für eine entsetzliche Grausamkeit tut sich da auf, welche Menschenverachtung, was für ein Irrglaube! Der Islam erscheint zunehmend als gewalttätig, als zerstörerisch. Wenn Muslime sagen, das sei ein Zerrbild, dann sollte diese Debatte auch erkennbar öffentlich innerhalb des Islam geführt werden. Darauf hoffe ich, denn ich kenne viele Muslime, die diesen Terror ebenso missachten wie Christen. Denn das ist deutlich: Die meisten Opfer von Terroristen, die sich auf den Islam berufen, sind Muslime!

Aber ebenso entschieden sollten wir als Christen klarstellen, dass es für uns keine religiöse Rechtfertigung für Krieg,

Verletzung und Folter gibt! Wir können uns nicht für Menschenrechte einsetzen im Namen westlicher Demokratie und unseres christlichen Erbes, wenn Menschen durch die Soldaten unserer eigenen Länder erniedrigt werden. Wir können nicht den Respekt für das Individuum als Fortschritt der Menschlichkeit propagieren, wenn im Namen der Freiheit die Individualität der Menschen unter Kapuzen verborgen und gleichzeitig ihre Scham entblößt wird. Der jüngste Bericht über die Foltermethoden des US-Geheimdienstes ist nicht nur beschämend, er stellt auch in Frage, für welche Werte im so genannten »Kampf gegen den Terror« westliche Demokratien eintreten.

Wir sind an einem entscheidenden Wendepunkt angekommen. Die ökumenische Bewegung sollte im Namen des Friedens klar Stellung für die Menschenrechte beziehen. Christinnen und Christen in allen Kirchen weltweit haben klar für die Überzeugung einzutreten, dass es keinen Weg zum Frieden durch Krieg gibt, sondern dass Frieden der Weg ist, um zu einem Zusammenleben zu finden, auch dort, wo kulturelle und nationale Differenzen uns trennen. Die ökumenische Bewegung hat Armeen zu verurteilen, die Kriege führen und dabei Folter, Leiden und Vergewaltigung im Gepäck haben. Wir können uns aber positiv für eine internationale Friedenstruppe einsetzen, die nur von den Vereinten Nationen legitimiert sein kann. So kann dieser schmale Korridor legitimierbarer Gewalt um des Aufbaus von Frieden und der Verteidigung der Menschenrechte willen im Sinne der Friedensdenkschrift der EKD aus dem Jahr 2007 aussehen. Ein internationaler Strafgerichtshof ist zudem notwendig, damit deutlich wird: Gewalt wird über nationale Grenzen hinweg von der internationalen Gemeinschaft geahndet.

Und wir haben offensichtlich zu akzeptieren, dass auch Terrorismus letztendlich nicht durch Krieg besiegt werden kann. Hier ist wahrhaftig mehr Fantasie für den Frieden gefordert, damit der Versuch, den Terrorismus zu bekämpfen, nicht neuen Hass sät und neue Terroristen heranwachsen lässt.

Ja, wir brauchen Strategien gegen Terror, keine Frage. Aber dazu ist wohl zuallererst ein Bündnis aller Menschen von entscheidender Bedeutung, die sich nach Frieden in allen Nationen und zwischen allen Religionen sehnen.

Wir müssen darauf bestehen, dass Religion endlich nicht mehr Konflikte verschärft, sondern zu ihrer Lösung beiträgt. Und es ist deutlich: Ein militärischer Sieg ist noch lange kein Frieden. Es ist notwendig, alles zu tun, um die Konfliktparteien an den Verhandlungstisch zu holen. So manche, die den Konflikt in Afghanistan wesentlich besser kennen und beurteilen können als ich, sagen: Von Beginn an wäre es gut und wichtig gewesen, einen Verhandlungsweg auch mit den Taliban zu suchen. Frieden und Versöhnung aber sind mühsame, langfristige Prozesse. Das wissen wir gerade in Deutschland, wo es Jahrzehnte dauerte und noch andauert, bis wir zu einer Versöhnung mit unseren Nachbarländern kamen.

In der Folge der Terrorangriffe auf New York vom 11. September 2001 ist die Spirale der Gewalt weiter angeheizt worden. Amerika meinte, im Irak einen Schuldigen in der vom damaligen US-Präsidenten Georg W. Bush definierten »Achse des Bösen« gefunden zu haben. Aber Krieg wird wohl kaum ein Mittel der Abrüstung sein. Ich kann vom Evangelium her eine Rechtfertigung für einen Krieg nicht nachvollziehen, das kann nicht Sache der Kirche sein. Von der biblischen Botschaft ausgehend bin ich überzeugt, dass die Spirale der Gewalt nur durch Gewaltlosigkeit durchbrochen werden kann. Ich bin mir bewusst, dass mir das als politische Parteinahme ausgelegt oder als realitätsfern wiederum belächelt werden kann. Aber ich habe als Christin die Freiheit, vollkommen parteiunabhängig und frei reden zu können. Andere nennen eine solche Position blauäugig oder pazifistisch. Für mich geht es um eine christliche Grundüberzeugung. Mir liegt als Bürgerin eines demokratischen Staates, in dem ich sehr gern lebe, daran, das Gewaltmonopol an Polizei und Verteidigungsarmee zu delegieren. Auf globaler Ebene kann diese Aufgabe nur durch die Vereinten Nationen wahrgenommen werden. So wie die Polizei national wirkt, kann es das geben, was die EKD einmal »internationale Polizeigewalt« genannt hat, ein Wirken militärischer Einsatzkräfte in engen Grenzen unter Wahrung der Menschenrechte und mit aufmerksamer öffentlicher und politischer Begleitung. Auf diese Weise gibt es jenen besagten engen Korridor der Legitimation militärischer Gewalt, wie ihn das Augsburger Bekenntnis von 1530 für die Soldaten, die »christlichen Standes« sind, definiert. Dabei wird zu diskutieren sein, wie die klare Grenzziehung zwischen Polizei und Militär, die wir in Deutschland kennen, auf internationaler Ebene auszusehen hat.

Weil es in den letzten siebzig Jahren so wenige überzeugende Beispiele für die positive Rolle militärischer Gewalt bei der Wiederherstellung des Friedens gab, steht die Kriegsführung der Alliierten gegen Nazideutschland als zeitgenössisches Exempel für die Legitimität kriegerischer Mittel schlechthin. Ich antworte darauf: Niemand stellt in Frage, dass damals Gewalt angewendet worden ist zur Verteidigung der Menschenrechte von grausam verfolgten Juden, fanatisch befeindeten Osteuropäern, gegen das Terrorregime der Nazis. Der 8. Mai 1945 war der Tag der Befreiung. Doch auch ein notwendiger Einsatz von Gegengewalt entfesselt die Furien des Krieges und setzt ein Gewaltpotenzial frei, für das ich keine Rechtfertigung sehe. Ja, »Krieg soll nach Gottes willen nicht sein«, haben die Kirchen der Welt 1948 in Amsterdam formuliert. Sie taten es im Bewusstsein, dass kriegerisches Geschehen zerstörend auf alle wirkt, die daran beteiligt sind. Wir müssen nur an die Flächenbombardierung von Städten und an die Opfer von Flucht und Vertreibung in ganz Europa denken. Die Bombardierung von Flüchtlingstrecks auf der Ostsee, die massenhafte Vergewaltigung von Frauen und Mädchen: So gerechtfertigt das militärische Handeln der Alliierten gegen Nazideutschland war, haben doch solche Konsequenzen nichts mehr zu tun mit friedens- oder rechtserhaltender Gewalt! Diese dunklen Seiten jedes Krieges wahrzunehmen und anzusprechen ist ein Gebot der Redlichkeit und darf nicht pauschal als Delegitimierung militärischer Gewalt abgewertet werden.

Es war der anglikanische Bischof George Bell, der im House of Lords in England ab Februar 1943 vehement und immer wieder gegen die britischen Bombardierungen deutscher Städte wandte. Er sah die ethischen Grundlagen der westlichen Zivilisation und auch eine zukünftige Versöhnung mit Deutschland gefährdet. George Bell war geprägt durch die ökumenische Bewegung. Er hat sich erheblichen Anfeindungen ausgesetzt, als »Vaterlandsverräter« wurde er beschimpft. Für mich ist er ein Vorbild von Feindesliebe mitten im Krieg, er hatte das, was ich Fantasie für den Frieden nenne, weil er die Menschen gesehen hat und nicht nur »den Gegner«.

Schon in seiner ersten Rede als Mitglied des Oberhauses in London am 27. Juli 1938 forderte er übrigens die britische Regierung zu verstärkter Hilfe für jüdische Flüchtlinge aus Deutschland auf. Er nutzte seinen Einfluss auch, um gezielt Verfolgte des NS-Regimes zu schützen, etwa als er die Inhaftierung Martin Niemöllers in England publik machte und ihm so wahrscheinlich das Leben rettete.

Ja, ich hätte mir gewünscht, dass es Hunderttausende mutiger Menschen wie George Bell gegeben hätte in ganz Europa. Vor allem aber Menschen in Deutschland, die frühzeitig aufgeschrien hätten, als 1938 Gotteshäuser brannten in Deutschland, und gemeinsam gesagt hätten: Wir sind ein Volk aus Juden und Christen, aus Menschen unterschiedlichen Glaubens und ohne Glauben! Wer Juden verfolgt, verfolgt uns, die wir an Jesus den Juden glauben. Dass viele sich schützend vor Sinti und Roma gestellt hätten mit einem Plädoyer für das Zusammenleben unterschiedlicher Kulturen. Dass Homosexuelle Schutz gefunden hätten in christlichen Gemeinden, als ihnen die Deportation drohte. Dass es einen internationalen Aufschrei gegen erneute Waffenproduktion nach 1945 gegeben hätte. Und ich kann nur hoffen und wünschen, dass unser Versagen als Deutsche und als Christen in der Zeit des Nationalsozialismus in der Tat mehr Fantasie für den Frieden freisetzt!

Ich will wie gesagt die Hoffnung nicht aufgeben, dass Menschen zum Frieden fähig sind. Werden wir zu Friedensstifterinnen und Friedensstiftern! Das ist für mich Prima Ratio. Und das bleibt die Aufgabe gerade religiöser Menschen. Auf der Weltversammlung für Gerechtigkeit, Frieden und die Bewahrung der Schöpfung in Seoul 1990, an der ich teilnehmen konnte, wurde dementsprechend formuliert: »Wir verpflichten uns, unsere persönlichen Beziehungen gewaltfrei zu gestalten. Wir werden darauf hinarbeiten, auf den Krieg als legales Mittel zur Lösung von Konflikten zu verzichten. Wir verlangen von den Regierungen, dass sie eine internationale Rechtsordnung schaffen, die der Verwirklichung des Friedens dient.«

ANTJE VOLLMER:
Kein Grund nirgends, die Pazifisten zu verachten

Je geringer an Zahl eine Minderheit, umso wohlfeiler scheint es, auf diese kleine Gruppe Hohn, Gespött und Aggression zu versammeln. Pazifistische Überzeugungen stehen aktuell in der veröffentlichten Meinung nicht hoch im Kurs. Ganz Deutschland wird stattdessen mit Schreckensbildern des islamistischen Terrors oder anderer Horrorszenarien weltweiter Bürgerkriege einem hochmoralischen Härtetest unterzogen, der dem ähnelt, mit dem einst Wehrdienstverweigerer drangsaliert wurden: »Was tun Sie, wenn vor Ihren Augen ihre Mutter von einer Soldateska brutal vergewaltigt wird und Sie haben eine geladene Pistole in der Hand?«

Die Mutter unserer Kompanie, Ursula von der Leyen, posiert mitten im kurdischen Kampfgebiet, um den fremden Bodentruppen, Kindern anderer Völker, Kampfesmut einzuhauchen. Ein Parteivorsitzender der Grünen, Cem Özdemir, verkündet, in solchen Konflikten sei mit der Yogamatte unterm Arm halt nicht viel auszurichten. Solche Witzelei ist in der Partei, die ohne die Friedensbewegung nie entstanden wäre, schon an sich eine Schändung von Geist und Mythos ihrer Gründergeneration von Petra Kelly bis Joseph Beuys. Außerdem ist sie historisch von erschreckender Unbedarftheit.

Dennoch regt sich kaum jemand darüber auf. Der Pazifismus scheint rückstandsfrei abgewickelt und ins Reich der Träume aus der Jugendzeit der Bundesrepublik verbannt. Militärische Optionen umgeben sich mit der Aura zeitgerechter Verantwortungsethik und dem Ruf nach Erwachsen-Werden von Staaten, die ihre neue Rolle in der Welt markieren wollen wie Hunde ihr Revier.

Die modernen Bellizisten rechtfertigen sich meist mit dem Verweis auf die »schändliche« Appeasement-Politik der Alliierten gegenüber Hitler zur Zeit des Münchner Abkommens 1938. Dieses historische Zitat treibt sein Unwesen in der Debatte, seit der damalige Generalsekretär der CDU, Heiner Geißler, auf dem Höhepunkt der Friedensbewegung dieser entgegenschleuderte: »Der Pazifismus hat Auschwitz erst möglich gemacht!« Damals wehrte sich Willy Brandt mit großer Heftigkeit: »Ein Hetzer ist er!«, und Heiner Geißler hat diese Polemik später bedauert. Einen Verteidiger wie Willy Brandt gibt es heute nicht mehr, aber viele Meinungs-Oligarchen, die bei allen möglichen Kriegseinsätzen (im Kosovo, im Irak, in Syrien, gegen den Islamischen Staat) an die vermeintlichen »Lehren von Auschwitz« appellieren und dabei wenig Rücksichten auf die historischen Fakten nehmen. Zu diesen Fakten gehört, dass die britischen Appeasement-Politiker jener Tage höchst beleidigt gewesen wären, als »Pazifisten« bezeichnet zu werden – sie waren Machtpolitiker eines Weltreiches und brauchten nur Zeit für ihre eigene Kriegsvorbereitung. Wirkliches Opfer des Münchner Abkommens aber war damals die junge Tschechoslowakische Republik. Und besonders tragisch war, dass das damalige Abkommen, das Chamberlain mit Hitler abschloss, die sehr weit gediehenen Pläne der militärischen Opposition in Deutschland verhindert hat, Hitler wegen seiner unverantwortlichen Weltkriegspläne zu entmachten, seines Amtes zu entheben und in einem Hochverratsprozess anzuklagen. Zu diesem Zeitpunkt gab es keine Kriegsbegeisterung in Deutschland – weder in der deutschen Bevölkerung, die die Erinnerung an den Ersten Weltkrieg und seine Folgen noch in den Knochen und Nerven hatte, noch an der Spitze des Generalstabs, wo der spätere Kopf der Umsturzpläne des 20. Juli, General Ludwig Beck, alles versuchte, um die Kriegspläne zu verhindern. So ein Staatsstreich zu diesem Zeitpunkt allerdings hätte wirklich die Chance gehabt, »Auschwitz« zu verhindern, leider fand er auch im Ausland keinerlei Unterstützung.

Wenn nicht mit den »Lehren von Auschwitz« argumentiert wird, wird meist ein anderes Argument bemüht: Die heutige globale Welt mit ihren asymmetrischen Schlachten erfordere eine grundlegende Revision des traditionellen Kriegs- und Völkerrechts – bei diesen völlig neuen Kriegen sei kein Platz mehr für pazifistische Strategien.

Erstaunlich und ein einziger Quell von Hoffnung ist, dass die Bevölkerung bei dieser ständigen moralischen Mobilmachung von einer zähen Skepsis erfüllt bleibt. Sie misstraut diesem neuen Menschenrechts-Bellizismus. Diese meist stumme, notorisch kriegsunwillige Mehrheit bewahrt nicht nur die traumatischen Bilder der letzten Weltkriege, der eigenen Schuld und der Bombenkriege im kollektiven Gedächtnis. Sie hat auch die überzeugenden Beispiele von Politikern vor Augen, die an wichtigen Scheidewegen von heftigen Konflikten alles, aber auch alles daran setzten, ihren Kampf gewaltfrei zu führen. Mit der Schonung der eigenen Mitkämpfer woll-

ten sie auch dem Gegner einen Ausweg zu einer friedlichen gemeinsamen Zukunft offen lassen. Das war das Beispiel des gewaltlosen Widerstands eines Gandhi gegen das britische Empire, eines Nelson Mandela gegen das blutige Apartheits-Regime Südafrikas, eines Martin Luther King in den USA der Rassendiskriminierung, eines Vaclav Havel und eines Lech Walesa gegen den fortwährenden Stalinismus in ihren Ländern: Ihre gewaltfreien Aktionen, ihre wehrlosen Sit-Ins, Denkschriften, Widerstandsaktionen, Hungerstreiks, zuletzt ihre runden Tische und endlosen Dialoge selbst und gerade mit den Vertretern der gewalttätigen Machthaber, bestimmten damals die Fantasien der Welt und überwanden selbst die verbissensten Ressentiments und Hetzkampagnen der politischen Gegner – sowie Angst und Rachegefühle in den eigenen Reihen. Am erfolgreichsten waren diese pazifistischen Strategien, als sie als Antwort einen Michael Gorbatschow auf den Plan riefen, der sich aus Afghanistan zurückzog und 1989/90 seine Soldaten in den Kasernen ließ, die doch immer noch ein gewaltiges Blutbad hätten anrichten können.
Das war vor 25 Jahren – und scheint heute Äonen entfernt.

Es fehlt ja nicht an Beweisen für die politische Qualität und Wirkmächtigkeit des Pazifismus, es fehlt an Politikern, die aus diesen Jahren der Blütezeit gewaltfreier Konfliktlösungen Konsequenzen für heute ziehen.

Wollen die selbst ernannten Totengräber des Pazifismus wirklich behaupten, in der Ukraine sei eine Oligarchin Julia Timoschenko, in Russland ein Multimilliardär Michail Chodorkowski und eine Punk-Band Pussy Riot Erben dieser Tradition und gehörten deswegen in diese Reihe der Freiheitskämpfer der Menschheit? Sollen wir wirklich intellektuell zustimmen, die IS-Soldateska sei aus dem reinen Nichts des Bösen entstanden und hätte weder mit dem Irakkrieg noch mit dem Afghanistan-Desaster, nichts mit der Tragödie von Syrien oder der Destabilisierung des ganzen Nahen Ostens zu tun?

Manchmal scheint mir, die Pazifismus-Verächter rufen immer dann die Pazifisten zur Verantwortung für das Große und Ganze und fordern sie mit Inbrunst als Mitkämpfer an ihre Seite, wenn sie am Ende ihrer Logik angekommen sind und die düsteren Schatten des von ihnen verursachten Chaos selbst nicht mehr ertragen. Die falsche »Lehre aus Auschwitz« hat ihr Rettungsversprechen nicht eingelöst. Die militante Verbreitung der westlichen Werte mit den Mitteln des von außen herbeigeführten oder massiv geförderten »Regime-Change« hat weder befreit noch gerettet. Sie hat ganze Landstriche in existenzielle Katastrophen gestürzt. Da hilft nur die Einsicht, dass diese hochmoralisch begründete, triumphale Strategie an der Wirklichkeit gescheitert ist. Der Rausch ist vorbei. Einen Ausweg aus diesen falschen Konzepten zu suchen, ist die Notwendigkeit des Augenblicks.

ARNO GRUEN:
Wie Frieden?

Wie können wir die Frage um Krieg und Frieden, um Gewalt und Friedfertigkeit klären, wenn unsere Sicht verdunkelt wird durch die – auch von Teilen des wissenschaftlichen Establishments geförderte – Annahme, dass die menschliche Evolution nur durch Kampf und Konkurrenz vorangetrieben wurde? Dass das Überleben einer Spezies auf dem Untergang einer anderen basiere. Wir glauben an unsere rationale Sichtweise, weil wir unsere Gefühle, die wir ja als irrational einstufen, beiseite schieben können. Gefühle sind uns zur Gefahr geworden und müssen ausgeschaltet werden. Ein Denken dagegen, das befreit ist von Mitgefühl, von der Fähigkeit, Schmerz zu teilen, Leid zu verstehen und Verbundenheit mit allen Lebewesen zu empfinden, wird als realistisch eingestuft. Wie kommt es zu dieser Paradoxie?

Was ist Wirklichkeit, wenn wir von Geburt an dazu angehalten werden, die Welt nicht so zu sehen, wie wir sie selbst erleben, sondern so, wie andere uns sagen, dass sie ist? Vor und unmittelbar nach der Geburt sind unsere Wahrnehmungen durch empathisches Erleben bestimmt und nicht durch kognitive Aufnahme geprägt. Die frühen empathischen Wahrnehmungen sind direkt und unmittelbar, unbeeinflusst von gesellschaftlichen Erwartungen und deswegen realitätsgetreu. Doch vom ersten Lebenstag an wird uns von anderen vermittelt, wie wir die Welt sehen sollen und dass unsere eigenen

Wahrnehmungen keine Gültigkeit haben. Kognitive Wahrnehmungen, die auf den Erwartungen der uns bemutternden Menschen basieren, kommen deshalb nie ohne Verzerrungen zustande. Das gilt vor allem, wenn die Erwartungen nicht mit den Bedürfnissen des Kindes übereinstimmen, sondern den Bedürfnissen der Eltern entsprechen.

Wir leben in Kulturen, die von Wettbewerb und Unsicherheiten geprägt sind und die es Menschen schwer machen, einen Selbstwert zu entwickeln, der auf ein inneres Gefühl der eigenen Substanz baut, eine Substanz, die sich nur entwickeln kann, wenn Menschen Leid, Schmerz und Not akzeptieren und teilen können. Nur dann kann eine innere Kraft entstehen, aus der heraus Gleichmut trotz Unsicherheit, Sicherheit trotz Hilflosigkeit die Substanz eines Menschen prägen. In Kulturen, die Stärke mit Unverletzlichkeit verwechseln, ist eine solche Entwicklung kaum möglich, da Leid, Schmerz und Hilflosigkeit als Schwäche gebrandmarkt werden. Und so kommt es, dass man die eigenen Kinder dazu benötigt, ein Selbstbild von Kompetenz und Sicherheit ohne Zweifel aufrechtzuerhalten. In einer Kultur, in der das Versagen ständig lauert, geben Kinder den Eltern die Möglichkeit, einen fiktiven Selbstwert aufrechtzuerhalten. Sie sehen dann ihr Kind nicht so, wie es ist, sondern sie sehen das Kind nur in Bezug auf sie selbst. Bei aller Liebe und Hoffnung für ihr Kind erkennen sie nicht, wie das Kind an und für sich ist, sondern einzig, wie es sie in ihrer Elternrolle bestätigen kann. Das Kind wird Mittel zum Zweck, die Pose der Mutter und des Vaters als eine Autorität, bestimmend und sicher in ihrem Umgang mit dem Kind, aufrechtzuerhalten.

Was kann ein Kind tun, nachdem es Ohnmacht, Hilflosigkeit, Schmerz und Wut erlebt hat? Apathisch und erschöpft wird es sich nach einiger Zeit den Erwartungen der Eltern unterordnen. Aber in dieser Unterordnung kommt das zustande, was die Wirklichkeit untergräbt und so die Lösung der Frage um Krieg und Frieden auf rationale Weise unmöglich macht. Denn solange wir von früh auf gelernt haben, die Pose von Stärke und Sicherheit als Realität zu erleben, ist »realistisches« Verhalten nicht von Realität bestimmt, sondern von unserer Notwendigkeit, die Pose als Heilmittel gegen unsere Ängste und Unsicherheiten zu suchen.

Dadurch verändert sich unser Gefühlsleben. Gefühle erwachsen nicht mehr aus unseren eigenen empathisch gesteuerten Wahrnehmungen, sondern werden jetzt von dem Bedürfnis nach Unverletzlichkeit bestimmt, um so vermeintliche Bedrohungen zu umgehen. Diese Bedrohungen beruhen auf einem inneren Terror, der entsteht, wenn ein Kind keine Anerkennung für sein eigenes Selbst erhält. Anerkennung bekommt es nur, wenn es den Erwartungen der Eltern entspricht, wenn es den lebensnotwendigen emotionalen Kontakt mit ihnen aufrechterhalten kann. Und da die Eltern selber geformt wurden durch eine Kultur, die Leid und Schmerz als Schwäche verachtet, und ein Überleben auf der Notwendigkeit, andere zu übertrumpfen, basiert, wird Verletzlichkeit zu einer den Selbstwert herabsetzenden Bedrohung. Um dieser auszuweichen, lernt man, seine Gefühle um den Aufbau von Macht herum zu organisieren oder sich mit jenen, die Macht haben, zu identifizieren. Das bedeutet, dass Gefühle nicht mehr von empathisch gesteuerten Wahrnehmungen gesteuert werden, sondern von der Unterwerfung unter Konzepte, die der Macht, dem Wettbewerb und der Notwendigkeit, andere herabzusetzen, gewidmet sind. Realismus bedeutet dann nur Sicherheit durch Macht, Machtpositionen und Verhandlungen, die diese sichern. Wenn dieser Mechanismus nicht mehr hält, bleiben nur noch Krieg und Gewalt als Lösung der Probleme.

Ein Selbst, das sich unter diesen Umständen entwickelt, kreist nicht um die Frage, WER man ist, sondern WAS man ist. Das »Wer man ist?« hat mit einer ständigen Konfrontation mit sich selbst zu tun, mit einer daraus resultierenden Verantwortung für das eigene Tun, das eigene Sein. Es hat mit dem Erkennen von eigenem und dem Schmerz anderer zu tun, mit der Wahrnehmung der eigenen Grenzen und der des anderen. Bei der Frage, WAS man ist, geht es dagegen nicht um das authentische Sein, sondern darum, wie man glaubt, ERSCHEINEN zu müssen, um Status und Macht gegenüber anderen zu behaupten. So verwandeln sich Menschen in Wesen, die, wie Kierkegaard es prägnant formulierte, völlig im Bann des Bedürfnisses nach Anerkennung von Leistungen stehen. So fangen Menschen an, nicht ihr eigenes Leben zu leben, sondern ein Leben, in dem es darum geht, richtig zu erscheinen. Und richtig meint Anpassung an die gängigen Vorstellungen von Normalität.

In diesen Prozess beginnen Menschen, ihr eigenes Leben zu fälschen, indem sie Zuflucht suchen in abstrakten Ideen, die Leben mit gefälschten Grundlagen verbinden, da sie abgeschnitten sind von den uns eigenen empathischen Bedürfnissen, aber auch von der Scham und der Schuld, die aus solchen Dissoziationen entstehen. Dieser Vorgang fördert ein kognitives Denken, das abgeschnitten ist vom Empathischen. Hier liegen die Quellen der Mythen und der Symbolik, die uns vor Unsicherheit und Verletzlichkeit bewahren sollen. So wurden über die Jahrtausende Kampf, Krieg, Wettbewerb und das Anhäufen von Besitz und Reichtum zu den maßgeblichen »Realitäten« unserer Welt. So entwickelte sich auch die Verehrung des Heldentums und seiner Mythen – übermenschliche Kraft, Unempfindlichkeit gegen Schmerz, Unverletzlichkeit. Die Wirklichkeit wird auf diese Weise so transformiert, dass wir uns in unserem Menschsein oft nicht mehr erkennen können, außer als Abstraktionen, die diese Mythen als Symbole ihres Seins verinnerlicht haben.

Die menschliche Evolution ist nicht zu verstehen, wenn wir wie selbstverständlich davon ausgehen, dass Kampf und Konkurrenz die Entwicklung des Menschen vorangetrieben haben. Kropotkin wies schon im Jahre 1917 darauf hin, Stanley Diamond, Theodore C. Schneirla, Irven Devore, Melvin J. Konner, der Anthropologe Ashley Montagu und vor Kurzem Sarah Blaffer-Hrdy zeigten unter vielen anderen, dass Kooperation und Empathie die bestimmenden Faktoren unserer Evolution sind und dass das Überleben einer Spezies nicht auf dem Untergang einer anderen basiert. Diesem Missverständnis von Darwins Lehre vom »Survival of the Fittest« liegt eine falsche Interpretation zugrunde. In Darwins Konzept des Überlebens ist das »Geeignetste« nicht gleichgestellt mit dem »Besten«. Der am besten geeignete Organismus, einen atomaren Krieg zu überleben, ist die Küchenschabe. Sie würde unseren Planeten erben!

»Vom biologischen Standpunkt aus betrachtet ist Liebe ein entscheidendes Merkmal unserer Evolution«, schrieb Ashley Montagu. Und: »Wir können davon ausgehen, dass keine der frühen menschlichen Populationen überlebt hätte, wenn nicht Liebe und Kooperation eine entscheidende Rolle für ihren Zusammenhalt gespielt hätten.« Schneirla, der das Zuwendungs- und Vermeidensverhalten vieler Lebensarten untersuchte, das friedfertigem oder abwehrend-aggressivem Verhalten zugrunde liegt, zeigte, dass diese Mechanismen schon bei der Geburt existieren. Niedrige Stimulusintensitäten, wie sie von liebevollem mütterlichem Verhalten erzeugt werden, lösen Reaktionen der Annäherung aus; hohe Stimulusintensitäten, wie sie durch ablehnendes mütterliches Verhalten oder Bestrafen hervorgerufen werden, führen zu Muskelkontraktionen und aggressiver Verteidigung. Die beständige Einwirkung niedriger Stimulusintensitäten formt zudem das metabolische System eines Individuums und hat damit Einfluss auf dessen späteres Erregbarkeitsniveau. Dieses führt dann zu grundsätzlichen Eigenschaften wie die Bereitschaft zu aggressivem oder entgegenkommendem zwischenmenschlichem Verhalten von Bedeutung.

Mit dem Aufkommen der sogenannten großen Zivilisationen entwickelten sich Strukturen der Eroberung und Unterwerfung. Wir müssen annehmen, dass dies immer da geschah, wo ein Mangel an liebevoller Fürsorge eine emotionale Grundlage für die Notwendigkeit, andere zu dominieren, schuf. Unter solchen Voraussetzungen entstanden Lebensbedingungen, die generell einen störenden Einfluss auf mütterliches Fürsorgeverhalten hatten und so für eine Trennung der werdenden Menschen von ihren empathischen Fähigkeiten sorgte. Damit wurde eine Entwicklung in Gang gesetzt, die den Gehorsam förderte. Er war das Instrument, mit dem sich die herausbildenden Strukturen der Herrschaft und des Besitzes absicherten, indem sie die Identifikation mit den Mächtigen zur seelischen »Rettung« aus dem Elend und der Machtlosigkeit der Unterdrückten machten. Diese Identifikation führt zu dem, was der finnische Psychoanalytiker Marrti Siirala als »illusorischen Besitz der Realität« beschrieb. Diese ist charakteristisch für den angepassten Menschen und zeigt, wie oft Anpassung Gehorsam ausdrückt. Gehorsam gegenüber Autorität wurde so zum Ideal ganzer Gesellschaften. Wie tief dieser Mechanismus verankert wurde, zeigt die paradoxe Tatsache, dass Rebellionen, die im Namen der Freiheit ausgerufen wurden, selber in autoritären Machtverhältnissen endeten. Das Ergebnis dieser Jahrtausende alten Entwicklung beschrieb Proust im 20. Jahrhundert als unmögliche Wirklichkeit: »Wie können wir den Mut haben in einer Welt zu überleben, wo die Liebe durch eine Lüge ausgelöst wird und nur aus dem Bedürfnis besteht, unser Leiden von denen lindern zu lassen, die es uns zugefügt haben?«

Proust erkannte etwas fundamental Bedeutsames, nämlich die Sehnsucht in unseren dem Gehorsam gewidmeten Kulturen, von denen erlöst zu werden, die uns zum Leiden brachten, verbunden mit der Unfähigkeit, diese als Täter zu erkennen. Die Entwicklung unter dem Diktat des Gehorsams fördert ein Bewusstsein, das geprägt ist von der Unfähigkeit, das eigene empathische Erleben wahrzunehmen, da dieses mit Angst und Furcht belegt ist. Selbst diese Angst darf nicht erkannt werden, da Angst und Unsicherheit als Zeichen von Schwäche gebrandmarkt sind. Obwohl die Angst uns antreibt, muss sie verleugnet und ins Unbewusste verdrängt werden. Hier offenbart sich der Teufelskreis unserer Entwicklung, die geprägt ist durch eine Kultur, die Eltern dazu bringt, die Lebendigkeit und Lebenslust ihrer Säuglinge als störend oder gar bedrohlich zu erfahren. Ein Kind wird dann bald voller Angst und Unbehagen sein. So lernt es früh, dass der Teil in ihm, der sein eigenes ursprüngliches Selbst ist, die Beziehung zu den Eltern gefährdet und deshalb schlecht ist. Das Eigene wird in diesem Prozess zum Fremden gemacht. Und es ist dieses eigene Fremde, das fortan bekämpft werden muss.

Die damit verbundenen Ängste verstärken sich in Momenten existenzieller Not – bei Arbeitslosigkeit, bei dem Verlust von Status und persönlicher Bedeutung, bei den Unsicherheiten einer auf Wettbewerb basierenden Gesellschaft, die Menschen demütigt und ausgrenzt. Die stets präsenten Ängste werden in wirtschaftlich guten Zeiten dadurch in Schach gehalten, dass Menschen sich als Teil der Gesellschaft erleben. Heutzutage fühlen Menschen sich in ihrer Identität gefestigt durch die Möglichkeiten des Konsums. Der Besitz von Dingen gibt ein Gefühl des Wohlbefindens und eine Art von Identität und Zugehörigkeit. Doch sobald Besitz und Konsum bedroht sind, bricht ein solches Identitätskonstrukt zusammen, und die stets lauernden Ängste brechen wieder hervor.

Leider führt die Jagd nach Besitz zu einem verstärkten Egoismus, der eine Hinwendung zu gemeinschaftlichen Werten unterbindet und auch zerstört. Sie führt zum moralischen Versagen, weil, wie der Dramatiker und Nobelpreisträger Eugene O'Neill in seiner Analyse der Verhältnisse der Vereinigten Staaten zu den von ihnen abhängigen Ländern treffend beschrieb: »Die Hauptidee ist das angehende Spiel, in dem man versucht, die eigene Seele zu besitzen, indem man etwas außerhalb der eigenen in Besitz nimmt, dadurch aber die eigene Seele wie auch das Eroberte verliert.« Was bleibt, sind der Hass und die Notwendigkeit, Feindbilder zu finden, gegen die sich der Hass entladen kann. Dieser Prozess wurde gefördert durch den Sieg des kapitalistischen Systems über den Kommunismus. Damit wurden leider auch die Ideen von Gleichheit und Fairness zwischen Menschen abgetan und als politische Möglichkeit verworfen. Es war schon immer so, dass reichen und finanziell erfolgreichen Menschen mehr Glauben geschenkt wurde als armen. Das ist heute mehr denn je so. Zu Zeiten des Kalten Krieges wurden der Größenwahn der Ökonomie und die Verantwortungslosigkeit, die das Profitmotiv mit sich bringt, noch in Schach gehalten. Und so treibt uns eine finanzielle Elite, die von sich selbst besessen ist, in einen weltweiten Zustand, in dem die Kluft zwischen Arm und Reich immer größer wird.

Wenn es den demokratischen Regierungen nicht gelingt, sich den Gefahren dieser Ungleichheit zu stellen, wird der stets präsente Hass immer mehr in Gewalt umschlagen. Und die, die sich selbst am meisten hassen, aber ihre Unterdrücker nicht erkennen dürfen, werden Lösungen suchen, die weit von der Realität entfernt sind.

Damit kommt der Moment für politische Führer, die Feindbilder heraufbeschwören, um diesen Hass zu legitimieren und für ihre eigenen Machtzwecke zu missbrauchen.

Den Feind, den wir suchen, um uns von dem inneren Hass zu befreien, finden wir dann in dem Fremden, dem Andern, der uns an uns selbst erinnert, weil er dem ähnlich ist, wie wir einst waren. Indem wir ihn bestrafen, können wir uns als aufrecht gehend empfinden und Angst und Furcht aus dem Bewusstsein verbannen. Und die Führer, die in ihrem Größenwahn Kriege und Eroberungen anstacheln, sind erfolgreich, weil unsere Gesellschaften Menschen hervorbringen, die sich versklaven lassen, um ihren eigenen Terror aus dem Bewusstsein zu verbannen. Der Dramatiker und Nobelpreisträger Eugene O'Neill lässt in seinem Stück »Trauer muss Elektra tragen« Orin, einen Soldaten im amerikanischen Bürgerkrieg, von seinem Töten auf dem Schlachtfeld erzählen: »Es war so, als würde man denselben Mann zweimal umbringen. Mich beschleicht das komische Gefühl, Krieg bedeutet, denselben Mann immer wieder zu töten, um am Ende festzustellen, dass ich selbst dieser Mann war.«

Unsere Entwicklung fördert nicht nur, dass Kinder sich ganz früh mit ihren Peinigern verbinden, sondern diese auch idealisieren. Herrschaftsstrukturen und soziale Normen von Eltern, Schule und Gesellschaft dringen so in die Psyche des heranwachsenden Menschen ein. Sie werden bestimmende Mechanismen und damit psychische Struktur. Als gesellschaftliche Repräsentation stehen sie gegen die eigenen Wahrnehmungen und Bedürfnisse des Kindes. Eltern missbrauchen ihr Kind, um ihren eigenen Selbstwert aufrechtzuerhalten. Die soziale Bindung des Kindes an die

Eltern vollzieht sich unter solchen Bedingungen auf zwei Ebenen: Zum einen erfolgt eine Bindung an die realen Eltern, so, wie das Kind ihr Verhalten, ihre Empathie, ihre Bestrafung und ihre Dominanz tatsächlich erfahren hat. Auf einer zweiten Ebene kommt eine Bindung an ein idealisiertes Bild der Eltern zustande. Im Verlauf einer solchen Entwicklung muss ein Kind seine Wahrnehmung der Eltern auf das Bild, das diese von sich selbst haben, beschränken. Das Kind kann jedoch nicht gleichzeitig die tatsächliche Wahrnehmung seiner Eltern und das idealisierte Bild integrieren. Deshalb verschwindet das Wissen um die wirkliche Natur der Eltern aus dem kindlichen Bewusstsein. Das Resultat ist eine Umkehr der Wirklichkeit.

Einer meiner Patienten, ein 50-jähriger Geologe, sprach über seinen Vater, der freiwillig in Hitlers Wehrmacht gedient hatte. Dieser Vater war nicht nur extrem autoritär, er schlug seinen Sohn auch bei der geringsten Verfehlung. Auch die Mutter war seiner Gewalt ausgesetzt. Sie kam aber ihrem Sohn nie zu Hilfe. Nur einmal, als er sehr klein war, intervenierte sie, weil sie dachte, der Vater würde den Jungen in seiner Wut erschlagen. Der Patient hatte schon früh die Entscheidung getroffen, keine Kinder zu bekommen. Immer wenn er ein Kind schreien hörte, wurde er wütend, weil er das Schreien als eine Forderung des Kindes an ihn erlebte. Er fürchtete, ein Kind in einer solchen Situation gegen die Wand zu schleudern. Natürlich wollte er das nicht. Dieser Mann wollte nicht weitergeben, was ihm angetan wurde. Trotzdem beeinflusste ihn die Identifikation mit seinem Vater auf einer unbewussten Ebene. Seine Reaktion auf ein weinendes Kind entsprach der des Vaters auf ihn, als er klein war. Seine Wut war die Wut des Vaters, dessen Hass er als eigenen verinnerlicht hatte. Auf diese Weise wurde sein eigenes Sein zu etwas Fremdem, das im Äußeren bestraft werden musste. Sein eigener erlebter Schmerz wurde zum Fremden in ihm, der dann auf Kinder projiziert wurde, die so schrien, wie er es einst getan hatte. Er bestrafte den verworfenen Teil in sich selbst in einem anderen.

Die Identifikation mit dem Selbstbild der Eltern wird so zur einzigen Wirklichkeit. Auf einer unbewussten Ebene wird das geheime Wissen um die Wahrheit der Eltern zum Kern einer ständigen Angst, die nicht ausgedrückt werden kann. Diese Angst und der innere Terror führen zum Hass auf das Eigene. Gegen diese Angst muss sich das Kind schützen, indem es auf die elterliche Pose als einzige Realität beharrt. In diesem Vorgang liegt die Bedrohung für eine demokratische Gesellschaft: Wenn ein Kind auf die falsche Wirklichkeit der Pose geprägt ist, dann wird es auch im Erwachsenalter die Pose als die einzig gültige Realität ansehen. Eine Erlösung von seinen tief verborgenen Ängsten wird es von Führungspersonen erhoffen, die besonders überzeugend die Pose der Kraft, Entschiedenheit, Selbstgewissheit und Sicherheit darstellen. Ihre im Verborgenden lauernde Angst vor der Wahrheit entfacht nur Wut auf alle, die dieser Wahrheit Ausdruck verleihen. Die Pose bestimmt dann eine Wirklichkeit, die das Leben zerstört.

Was rettet uns aus der Notlage, die eine Trennung von unseren eigenen Gefühlen mit sich bringt? »Paradoxerweise,« schreibt der Dalai Lama, »können wir uns selbst nur helfen, wenn wir dem anderen helfen. [...] Die Voraussetzung für das Überleben unserer Spezies sind Liebe und Mitgefühl, unsere Fähigkeit, anderen beizustehen und ihren Schmerz zu teilen [...] Leid zu verstehen [...] bedeutet, wirkliche Empathie zu haben [...] Das Gefühl der Verbundenheit mit allen Lebewesen kann nur erreicht werden, wenn wir erkennen, dass wir alle vereint und voneinander abhängig sind.«

Wir müssen deshalb die lebendige Interaktion zwischen Mutter und Kind als entscheidenden Faktor in der Evolution des Menschen mit einbeziehen und alles tun, um das Bindungsverhalten in seiner grundlegenden Rolle in der Entwicklung des menschlichen Bewusstseins zu unterstützen. Unsere frühen Vorfahren können nicht abgespalten von ihrem Erleben von Leid und Schmerz gewesen sein, so wie wir es heute zum großen Teil sind. Ich möchte an dieser Stelle noch einmal den Anthropologen Ashley Montagu zitieren: »Wenn wir [...] Liebe als Fürsorgeverhalten mit Überlebensvorteil definieren, dann ist Liebe ein entscheidendes Merkmal unserer Evolution.« Es ist unsere Aufgabe, diese Interaktion zu unterstützen. Nicht Profit, Eigenvorteil und Größe, sondern Empathie und Kooperation führen uns in eine Zivilisation, die menschlicher ist als die gegenwärtige.

Literaturangaben:

Dalai Lama: Der buddhistische Weg zum Glück. Fischer: Frankfurt 2004.
Ancient Wisdom, Modern World. Time Warner: London 1999.

Devore, I., Konner, M.J.: Infancy in Hunter-Gatherer Life: An Ethological Perspective. In: White, M.F. (ed.): Ethology and Psychiatry. Univertsity of Toronto Press: Toronto 1974.

Diamond, S.: Kritik der Zivilisation. Campus: Frankfurt 1976.

Gruen, Arno: Dem Leben entfremdet, Klett-Cotta: Stuttgart, 2013.

Ders.: Der Gehorsam. In: Ethik und Sozialwissenschaften 1.3, 2002, S. 441-450.

Ders.: Der Fremde in uns. Klett-Cotta, Stuttgart 2000

Ders.: Der Kampf um die Demokratie. Der Extremismus, die Gewalt und der Terror. Klett-Cotta: Stuttgart 2002.

Ders.: Der Verlust des Mitgefühls. dtv: München 1997.

Ders.: Wider den Gehorsam, Klett-Cotta: Stuttgart 2014.

Ders.: »Ich will eine Welt ohne Kriege«, Klett-Cotta: Stuttgart 2006.

Ders.: The Role of Empathy and Mother-Child Attachment in Human History and The Development of Consciousness: The Neanderthal's Gestation, in: Jahrbuch für Psychohistorische Forschung 6, Mattes: Heidelberg 2005.

Hrdy, S.B.: Mothers and Others: The Evolutionary Origins of Mutual Understanding. Harvard University Press: Cambridge 2009.

Kierkegaard, S.: Concluding Unscientific Postcript to the Philosophical Fragment. Ed.

Waler Lowrie, Princeton University Press, Princeton 1941.

Kropotkin, P.M.: Mutual Aid: A factor in Evolution. Knopf: New York 1917.

La Boétie, E.: Freiwillige Knechtschaft (1550). Klemm/Oelschläger 1991.

Milgram, S.: Obedience to Authority. Harper: New York 1974.

Montagu,A.: The Origin and Significance of Neonatal and Infant Maturity. Journal of the Am. Med. Association, 176, 1961.

O'Neill, E.: Trauer muss Elektra tragen. Fischer: Frankfurt 1997.

Proust, M. : À La Recherche Du Temps Perdu, Bd. V. »La Prisonnière«, Gallimard: Paris 1987.

Schneirala, T.C.: Problems in the biopsychology of social organizations. J. Abnorm. Soc. Psychology, 41, p. 385-422, 1946.

Schneirla, T.C.: An evolutionary and developmental theory of biphasic process underlying Approach and withdrawal. University of Nbebraska Symposium on Motivation, In: Aronson, L R. et al., Selected Writings of T.C. Schneirla, Freeman: San Francisco 1965.

Siirala, M.: From Transfer to Transference, Therapeia: Helsinki 1983.

MARKUS A. WEINGARDT:

Frieden durch Religion!? Zeit für einen Paradigmenwechsel

Man mag gar nicht mehr hinsehen, hinhören: Syrien, Ukraine, Irak, Zentralafrika, Gaza, Südsudan, Myanmar, Pakistan, Nigeria – die Welt scheint überzogen von Kriegen, Zigtausende sterben, flüchten, leiden. Es ist mitunter schwer oder unmöglich, Täter und Opfer zu unterscheiden, Schuldige und Unschuldige zu trennen. Und daher ist es ebenso schwer, sich für »die Guten« einzusetzen, auch nur für sie zu sprechen. Wir sind betroffen – und wie gelähmt.

Ähnlich hilflos fällt vielen Regierungen nichts Besseres ein, als auf Gewalt mit Gewalt zu reagieren. Erst Drohung, dann Druck, dann Zwang, am Ende meist doch Gewalt – ein Jahrtausende alter Mechanismus. Haben wir seit der Steinzeit denn gar nichts dazugelernt?

Wo sind die Stimmen des Friedens? »Kein Blut für Öl« brachte noch Massen auf die deutschen Straßen, »Kein Blut für das Coltan in unseren Mobiltelefonen« reißt hingegen niemanden vom Hocker oder vom gemütlichen Sofa. Und »Kein Blut für ein ethnisch ›gesäubertes‹ Birma« ... Birma? Was geht mich Birma an?

Es sind vielfach kleinere Organisationen – wie die Gesellschaft für bedrohte Völker – die nach Kräften versuchen, die Öffentlichkeit wachzurütteln, sie auf Konflikte aufmerksam zu machen, eben *bevor* das Kind in den Brunnen fällt und dann alle Welt nach Militärinterventionen ruft. Doch ihre Kräfte sind begrenzt, und viele stempeln solche Gruppen als ›naive Gutmenschen‹ ab, stecken sie in die große Schublade zu den ›blauäugigen Pazifisten‹ und den lang- oder grauhaarigen S21-›Wutbürgern‹ – und knallen die Lade fest zu. Weg! Aus! Ruhe!

Doch wo sind die Religionen, die Kirchen mit ihrem friedensethischen Anspruch? Wo ist ihre Stimme, ihr Wort, so klar und laut, dass es »die Welt nicht überhören kann« (C. F. von Weizsäcker)? Wo ist eine Ethik des Friedens und der Gewaltlosigkeit denn überhaupt noch zu finden, zu hören? Ist nicht eher das Gegenteil der Fall: dass nämlich religiöse Akteure vor allem als Brandstifter, mindestens aber als Brandbeschleuniger in Erscheinung treten?

Gandhis Geschwister

Es ist wahr und wir bekommen es täglich von Presse, Funk und Fernsehen frei Haus geliefert: Religion kann eine gefährliche und zerstörerische Waffe bei der Austragung von Konflikten sein. Worüber nicht in den Medien berichtet wird, ist ein religiöses Friedenspotenzial. Man hört, sieht und liest nichts. Gibt es das vielleicht gar nicht? Obwohl sich doch alle Religionen ›eigentlich‹ für ganz friedlich halten!? Sind das bloße Lippenbekenntnisse, das Schalom, Salaam und ›Friede auf Erden‹? Aber wenn es dieses religiöse Friedenspotenzial überhaupt nicht gibt – welchen Sinn macht dann noch ein interreligiöser Dialog, wie er allenthalben gefordert und vielfach praktiziert wird? Andererseits: Wenn es das Friedenspotenzial doch geben sollte – wie sieht es dann aus? Wie wirkt es sich aus? In guter Nachbarschaft, oder indem man sich freundlich lächelnd aus dem Wege geht? Indem sich irgendwelche Religionsvertreter jährlich einmal vor wohlwollendem Publikum oder laufenden Kameras der gegenseitigen Toleranz und Friedensliebe versichern? Oder hat der religiöse Friedensanspruch auch politische Relevanz, konkret und praktisch, in innergesellschaftlichen wie internationalen Konflikten, in Kriegen und Bürgerkriegen?

Fragt man die Menschen ›auf der Straße‹, so fällt das Urteil – ob jung oder alt – eindeutig aus: Religionen stehen wahrlich nicht im Ruf, besondere Friedensstifter zu sein. Das verwundert nicht angesichts der Medienberichte, steht aber in krassem Widerspruch zu deren theologischem und ethischem Anspruch. Es steht auch in auffallendem Gegensatz dazu, dass die weltweit berühmtesten Friedensstifter – Mahatma Gandhi, Martin Luther King, der Dalai Lama – zwar hoch politische Akteure waren bzw. sind, aber zugleich tief religiöse Persönlichkeiten. Und beides, Religion und Friedenspolitik, gehört(e) für sie zwingend zusammen.

Waren Gandhi und King vielleicht singuläre Erscheinungen, einzigartig in ihrem Einsatz für Frieden und Überwindung von Gewalt? Mitnichten. Man muss nur den Blick von den fetten Schlagzeilen abwenden, muss genauer hinschauen, den kleinen Meldungen nachgehen, muss ›investigativ‹ vorgehen, was doch eigentlich der Anspruch guter Journalisten sein will. Dann stellt man fest, dass es zahllose Geschwister von Gandhi und King gibt: Dezidiert religiöse Akteure, die in politischen Gewaltkonflikten signifikant und erfolgreich zur Deeskalation von Konflikten und zur Vermeidung von Gewalt beitrugen:

- *Im bürgerkriegsgeschüttelten Mosambik vermittelte die katholische Laienbewegung Sant' Egidio zusammen mit Bischof Goncalves 1992 ein dauerhaft stabiles Friedensabkommen – eine Vermittlung im Zenit des Bürgerkrieges, in einer scheinbar hoffnungslosen Situation!*

- *Die Protestbewegung in der DDR hätte sich ohne die Hilfe und Mitwirkung der Evangelischen Kirche kaum so entwickeln können und die ›friedliche Revolution‹ von 1989 wäre wohl nicht lange friedlich geblieben.*

- *Während des Genozids in Ruanda (1994), in dem christliche Hutus innerhalb von hundert Tagen eine Million christliche Tutsis und gemäßigte Hutus niedermetzelten, widersetzte sich nur eine Bevölkerungsgruppe der Gewalt: die ruandischen Moslems. Sie verweigerten sich der Gewalt und halfen Flüchtlingen – gleich welcher Religion oder Ethnie –, um den Todesschwadronen zu entkommen, versteckten sie, versorgten sie mit Lebensmitteln, stellten sich schützend vor sie, oft um den Preis des eigenen Lebens.*

- *Nach jahrzehntelangen Scharmützeln verhinderte Papst Johannes Paul II. 1978 in buchstäblich letzter Sekunde einen blutigen Krieg zwischen Chile und Argentinien und arbeitete sechs Jahre lang am letztlich erfolgreichen Abschluss eines ›Friedens- und Freundschaftsvertrags‹.*

- *Nach der Schreckensherrschaft von Pol Pot und den Roten Khmer in Kambodscha, der zwei Millionen Menschen – rund ein Viertel der Bevölkerung – zum Opfer gefallen waren, begann der buddhistische Mönch Maha Ghosananda 1979 eine Friedens- und Versöhnungsbewegung, die sich zu einer wichtigen Kraft und unüberhörbaren Stimme in Politik und Gesellschaft entwickelt hat.*

- *Die vom protestantischen Pastor Frank Buchman initiierte ›Moralische Aufrüstung‹ (heute Initiativen von Caux) leistete in vielen Konflikten informelle Vermittlungsarbeit und sogenannte diplomatische ›Gute Dienste‹. Ganz besonders trug sie maßgeblich zur Verständigung und Versöhnung zwischen den einstigen ›Erbfeinden‹ Deutschland und Frankreich nach dem Zweiten Weltkrieg bei, die wiederum maßgeblich von Kirchenvertretern auf beiden Seiten vorangebracht wurde.*

- *Im britisch besetzten Indien zur Zeit Gandhis war es der Moslem Khan Abdul Ghaffar Khan, der in der Nordwest-Grenzprovinz eine streng islamische, doch ebenso streng gewaltlose und religiös tolerante Widerstandsbewegung aufbaute, die ›Diener Gottes‹. Ausgerechnet im Volk der Paschtunen, die für ihre Gewaltneigung berühmt und berüchtigt waren, entwickelte sich eine Opposition, die friedlich für ethnische Selbstbestimmung und ein einheitliches, multireligiöses Indien kämpfte. Es vollzog sich eine gesellschaftliche Transformation, die Gandhi staunend als »modernes Märchen« bezeichnete.*

- *Die weitgehend gewaltlose Überwindung der Unterdrückungsherrschaft des philippinischen Diktators Ferdinand Marcos war 1986 in erster Linie dem Engagement weiter Teile der katholischen Kirche zu verdanken. Vor allem Or-*

densleute und Priester in den Basisgemeinden überzeugten das Volk von einem gewaltlosen Vorgehen und legten den Grundstein für den Erfolg der »Rosenkranz-Revolution«.

- *Schon im indisch-pakistanischen Grenzkonflikt in Kaschmir (1965/66) und im blutigen Bürgerkrieg in der nigerianischen Provinz Biafra (1967–70) waren Vertreter der Quäker vermittelnd aktiv und sind dies bis heute in zahlreichen kriegerischen Auseinandersetzungen – jedoch ganz bewusst hinter den Kulissen, abseits der medialen Aufmerksamkeit, in höchster Diskretion.*

- *In Nicaragua, El Salvador, Guatemala und anderen lateinamerikanischen Staaten waren (besonders in den 80er- und 90er-Jahren) einzelne katholische Bischöfe, aber auch der Ökumenische Rat der Kirchen (ÖRK) und der Lutherische Weltbund in vielfältiger und entscheidender Weise an der Überwindung von Gewaltkonflikten beteiligt.*

- *In Bosnien-Herzegowina und im Kosovo, in Liberia und in Sierra Leone trugen nationale Interreligious Councils in herausragender Weise zur konstruktiven und friedlichen Bearbeitung von politischen Konflikten bei, initiiert zumeist von der World Conference on Religion and Peace WCRP.*

Dies sind nur wenige aus einer Vielzahl von Beispielen – von A wie Albanien über Birma, Kenia, Polen, Südafrika oder Uganda bis Z wie Zimbabwe –, in denen durch das Eingreifen religionsbasierter Akteure Konflikte eingedämmt wurden. Konflikte, in denen religiös motivierte Männer und Frauen Gewalt verhinderten oder verminderten, in denen sie zum Frieden und zur

Versöhnung beitrugen. Natürlich waren sie nicht die einzigen Akteure und selten im Alleingang erfolgreich. Aber sie leisteten entscheidende, also unverzichtbare Beiträge zur Deeskalation, die sonst niemand zu leisten imstande oder willens war.

Es gibt keinen Weg zum Frieden. Frieden ist der Weg.

Frieden ist selbstverständlich mehr als die Abwesenheit von militärischer Gewalt, auch wenn in vielen Ländern dies der größte Wunsch und wichtigste Schritt ist, um den Weg zu einem menschlichen Leben in Würde (wieder) zu beschreiten. In Deutschland herrscht kein Krieg und kein Bürgerkrieg. Aber herrscht Frieden?

Frieden kann niemals herrschen, das widerspricht seinem Wesen. Frieden ist auch kein Zustand, der – einmal erreicht – für alle Zeit Bestand hätte. Frieden ist ein Prozess, ein Geschehen, eine immerwährende Herausforderung, eben: ein Weg, wie Gandhi sagte. Dieser Weg sieht in Deutschland anders aus als im Südsudan oder in Syrien. Doch auch hier sind die Religionsgemeinschaften aufgerufen, sich für gewaltlose Konfliktbearbeitung, Menschenwürde und Menschenrechte einzusetzen – und vielfach kommen sie diesem Ruf nach:

- *Die Malteser Migranten Medizin bietet medizinische Nothilfe für Menschen ohne Krankenversicherung. Meist fehlt den Betroffenen eine Aufenthaltserlaubnis, oft ist es aber auch Folge geschäftlichen Scheiterns. Doch verliert man dadurch sein »Recht auf Leben und körperliche Unversehrtheit«, wie es Art. 2 des deutschen Grundgesetzes jedem Menschen bedingungslos zuschreibt?*

- *Über 80 Prozent aller Flüchtlinge, die nach Deutschland kommen, werden sofort oder nach Prüfung ihres Asylantrags wieder abgeschoben. Meist drohen dann Leid und Elend, Haft oder Folter, die Konfrontation mit ihren Peinigern, die Wiederkehr alter Traumata, nicht selten auch der Tod. Letzte Hoffnung bietet dann mitunter ein Kirchenasyl, wenn sich eine Kirchengemeinde dazu bereit findet (im Jahr 2012 in 50 Fällen). Dies ist mit erheblichem Aufwand verbunden, erreicht aber in der Regel die Neuprüfung eines Antrags, meist mit positivem Ergebnis für die betroffenen Flüchtlinge.*

- *In »national befreiten Zonen« (nicht nur) in Ostdeutschland und mitunter auf offener Straße sind Ausländer oder andersdenkende Einheimische nicht nur Anfeindungen durch Neonazis, sondern echten Gefahren für Leib und Leben ausgesetzt. Oft sind Kirchengemeinden hier die letzte Bastion gegen solche menschenverachtende Haltungen und Handlungen.*

- *Doch Rassismus, Antisemitismus und Antiislamismus sind auch in der Mitte unserer Gesellschaft angekommen. Mit Friedensbildungsprogrammen wie ›Schritte gegen Tritte‹ und unzähligen Dialogprojekten versuchen Kirchen und andere Religionsgemeinschaften, dem entgegenzuwirken: Durch Begegnung, Kennenlernen und Zusammenarbeit werden Vorurteile abgebaut und ein friedliches Zusammenleben gestärkt.*

- *Nicht zuletzt spielen kirchliche Initiativen und Organisationen noch immer eine wichtige Rolle in der deutschen Friedensbewegung, streiten für Information und Aufklärung auf allen gesellschaftlichen und politischen Ebenen, für*

Öffentlichkeit und mediale Wahrnehmung. Mag die Friedensbewegung auch nicht mehr die Stärke der 1980er-Jahre haben: Es wäre schlimm um unser Land bestellt ohne diese beharrlichen Streiter für den Frieden!

Auch dies sind nur wenige Beispiele aus der Vielzahl und Vielfalt religiöser Friedensaktivitäten in Deutschland. Freilich muss Frieden und Friedensarbeit hierzulande anders buchstabiert werden als in Kriegsgebieten; die Aufgabe wird dadurch aber nicht kleiner und nicht weniger wichtig.

Frieden ohne Religion?

So sehr es zutrifft, dass in der Geschichte unendlich viel Leid und Tod mit religiöser Begründung über die Menschen gebracht wurde und noch wird – so sehr stimmt auch, dass mit religiöser Begründung zugleich unendlich viel Hilfe geleistet und Frieden gestiftet und Gewalt verweigert wurde. Oder lindern die Religionen hier lediglich das Leid, das ohne sie gar nicht entstanden wäre? Wäre die Welt vielleicht friedlicher ohne Religion, wie viele Menschen meinen? Hätten wir ohne Religionen gar »eine Welt voller Demut vor der Heiligkeit des Lebens«, wie es der britische Erfolgsautor Ian McEwan erträumt?

Wohl kaum. Denn wer Konflikte anheizen und Kriege führen will, braucht keine Religion zu ihrer Begründung und Rechtfertigung. Es genügen durchaus auch säkulare Weltanschauungen, etwa Nationalismus und Faschismus, Ethnizismus, Imperialismus oder Kommunismus. All diese ›Ismen‹ haben einen Hang zu Exklusivität, zur Ab- und Ausgrenzung, von wo der Schritt zu Konfrontation und schließlich Aggression nur noch ein kleiner ist. Und in aufbrechenden Konflikten ist dieser Schritt umso kleiner, weil es infolge der ideologischen oder religiösen Aufladung nicht mehr nur um gegensätzliche Interessen, sondern um gegensätzliche Überzeugungen, Weltanschauungen, Werte, um meine Identität geht. Am Ende ist es nicht weniger als ein Kampf von ›Gut gegen Böse‹, in dem der ›heilige‹ Zweck dann auch alle Mittel heiligt. Für diese ideologische Aufladung und Konfliktverschärfung bieten sich Religionen tatsächlich sehr gut an und werden auch häufig in diesem Sinne missbraucht. Gäbe es aber keine Religionen, so stünden noch immer genügend säkulare Ideologien zur Auswahl. Im Ersten und Zweiten Weltkrieg bedurfte es auch keiner Religion, damit junge Deutsche mit Begeisterung in die Schlachten zogen; da wurde kurzerhand der Nationalismus bzw. Nationalsozialismus zur neuen Religion erhoben und der »von der Vorsehung gesandte Führer« trat – im Dreiklang mit Volk und Vaterland – an die Stelle Gottes. Und auch heute weist, entgegen einem verbreiteten Eindruck, nur ein kleiner Teil aktueller Gewaltkonflikte genuin religiöse Ursachen auf.

Frieden durch Religion!

Als Motivation zum Friedenshandeln und zur aktiven Gewaltlosigkeit stehen hingegen nur wenige Begründungszusammenhänge zur Auswahl: Im Wesentlichen sind das entweder ein säkularer, an universalen Menschenrechten orientierter Humanismus, oder eben religiöse Überzeugungen, die die gewaltverneinenden Aspekte und Überlieferungen innerhalb einer Religion als Richtschnur des eigenen Handelns ansehen (beispielsweise die Gottebenbildlichkeit des Menschen, eine unantastbare und universale Menschenwürde oder die Friedensworte Jesu). Dabei haben säkulare und religiöse Friedensakteure jeweils spezifische Kompetenzen, die sich sehr gut ergänzen können. Leider werden religiös motivierte (potenzielle) Friedensakteure jedoch oft nicht wahrgenommen, ihre Friedenskompetenzen werden marginalisiert oder ignoriert.

Dies ist umso bedauerlicher, als sie über eine ganz besondere Stärke verfügen, die vielfach den Knackpunkt erfolgreicher Vermittlung darstellt und säkularen Akteuren häufig versagt bleibt: Religiöse Akteure genießen oftmals einen Vertrauensbonus, einen Vertrauensvorschuss bei den Konfliktparteien! Säkulare Kräfte – ob Politiker oder Nichtregierungsorganisationen – sind in der Regel erheblichem Misstrauen an ihren wahren, vielleicht versteckten Interessen ausgesetzt, vor allem wenn die Friedensakteure aus dem Ausland kommen oder von dort finanziert werden. Eine glaubwürdige religiöse Motivation, Frieden zu stiften, weckt bei vielen hingegen grundsätzlich zunächst Vertrauen, denn: a) Sie ist nachvollziehbar, da Friedenswirken und Gewaltverneinung in allen religiösen Traditionen überliefert ist. b) Religiöse Akteure gelten vielfach als unabhängig, uneigennützig und fair; wobei dieses ›Vorurteil‹ freilich in der Praxis bestätigt werden muss, was aber auch vielfach geschieht. c) Religiöse Akteure – vor allem, wenn sie in den Konfliktgebieten präsent sind – erweisen sich als geeigneter, weil sie mit den Konfliktbeteiligten in einer Weise verbunden sind, die ihnen ein tieferes ›emotionales‹ Konfliktverständnis ermöglicht. d) Religiöse Akteure gelten als ungefährlich, da sie nicht mit (politischem, wirtschaftlichem oder gar militärischem) Druck und Zwang arbeiten, sondern alleine auf ihre Überzeugungskraft – durch Wort und Tat – angewiesen sind.

Diese Spezifika religiöser Akteure wecken Vertrauen – und sie öffnen Türen und (Ver-) Handlungsspielräume, die säkularen Akteuren oftmals verschlossen bleiben.

Zeit für einen Paradigmenwechsel

Der Vertrauensvorschuss für religiöse Akteure gilt über alle religiösen, kulturellen und ethnischen Grenzen hinweg, selbst wenn Konfliktparteien und Vermittler unterschiedlichen Religionen angehören. Zudem zeigen empirische Untersuchungen, dass keine Religion eher zu Gewalt (oder zu Friedfertigkeit) neigt als andere. Alle Religionen bergen die Gefahr, Konflikte zu verschärfen – und zugleich das Potenzial, Konflikte und Gewalt zu überwinden. Die große Bandbreite verschiedener Interpretationen von religiösen Schriften (oder Teilen daraus), Überlieferungen und Traditionen führte in allen Religionen zu einer Vielzahl und Vielfalt verschiedener Konfessionen, Strömungen, Gemeinschaften oder Gruppierungen. Diese Bandbreite an Auslegungen ermöglicht es aber zugleich, jedes Handeln – auch und gerade Gewalthandeln – religiös zu begründen und zu legitimieren.

Entscheidend ist dafür weniger die Religion ›an sich‹ als vielmehr das Glaubensverständnis der Einzelnen. Im Blick auf Konflikte sind Religionen zunächst weder gut noch schlecht. Sie sind vielmehr wie die berühmte Medaille mit den zwei Seiten, einer konfliktverschärfenden und einer konfliktentschärfenden, friedenstiftenden Seite. Welche Seite der Medaille für uns maßgeblich ist – als Einzelne, als Gemeinden, als Religionsgemeinschaften –, das liegt bei uns: Beschäftigen wir uns vor allem mit den ab- und ausgrenzenden Aspekten von Religion, mit den angstvollen und gewaltgeneigten Anteilen in der religiösen Überlieferung – in unserer eigenen oder auch in einer anderen Religion! –, oder orientieren wir uns an den religiösen Friedensaufrufen, an der Gewaltverneinung in den Überlieferungen, an den Gemeinsamkeiten, den verbindenden Werten. Das meint Hans Küng, wenn er von einem globalen Ethos, einem Weltethos spricht: keine Religionsvermischung, keine neue Lehre, sondern eine schon heute bestehende Schnittmenge von ethischen Standards und Werten, die allen Religionen – und selbst Atheisten – gemeinsam ist, kurzgefasst in der sprichwörtlichen »Goldenen Regel«: Was du nicht willst, das man dir tu, das füg auch keinem anderen zu. Und positiv: Was du willst, was dir die anderen tun sollen, das tue ihnen ebenso.

Das religiöse und kulturelle Umfeld, religiöse bzw. ethische Bildung und Erziehung, auch religiöse oder politische Vorbilder spielen dabei eine große Rolle, in die eine oder eben in die andere Richtung. Darum ist es von eminenter Bedeutung, dass Fragen des Friedens – oder allgemeiner: Fragen eines gewaltlosen, konstruktiven Umgangs mit Konflikten – wieder zu einem zentralen Thema der Bildungsarbeit werden: in Kindergärten und Schulen, im Religions- und Ethikunterricht, in der Aus- und Fortbildung von Geistlichen aller Religionsgemeinschaften, in Schul- und Sozialpädagogik, in

Jugendarbeit und Erwachsenenbildung, in Wirtschafts- und Politikwissenschaft, und ganz besonders für Journalisten und Politiker. Dass vielen Politikern ebenso wie der Bevölkerungsmehrheit, oft genug auch Religionsvertretern, angesichts von Kriegen und anderen gewaltsamen Konflikten nichts besseres einfällt als Gegengewalt, liegt auch an ihrem eklatanten Unwissen über Methoden, Möglichkeiten und Erfolge gewaltloser Konfliktbearbeitung.

Religiöse Akteure unterschiedlichster Art haben, wie gezeigt, genug Erfahrung und Kompetenz, hier Motoren eines Umdenkens zu sein. Darum sind sie in besonderer Weise aufgefordert, dies in ihren eigenen Gemeinschaften wie in Gesellschaft und Politik einzubringen – und zugleich einzufordern, ja, ihre Stimme zu erheben, dass es die Welt nicht überhören kann! Wir stehen erst am Anfang des Paradigmenwechsels von geistlos-destruktiver Gewalt zu ethisch-konstruktiver Gewaltvermeidung in Konflikten.

ELLEN DIEDERICH:

Ein Leben als Pazifistin – Eine langjährige Friedensarbeiterin berichtet von ihren Erfahrungen in aller Welt

»Pazifismus« kommt von zwei lateinischen Begriffen: »pax« (Frieden) und »facere« (machen). Frieden machen – ein großes Wort. Von Anfang an gab es Streit darüber, was dieser Begriff beinhaltet. Streit darüber, ob es möglich sei, sein Leben zu führen, ohne Anderen gegenüber körperliche und Waffengewalt anzuwenden, oder ob es der »Natur des Menschen« entspricht, die eigenen Interessen mit Gewalt durchsetzen zu wollen. Tritt man für Pazifismus ein, kommt meistens sofort der Vorwurf der »Naivität«. »Ach, du immer mit deinem Frieden!«

Wie wird man zur Pazifistin?

Geboren wurde ich 1944 in einer Bergmannssiedlung im Ruhrgebiet. Es war das Jahr der großen Bombenabwürfe, insbesondere auf die Rüstungsbetriebe und die Schwerindustrie, die hier besonders geballt vertreten war. Während der Schwangerschaft meiner Mutter und in meinem ersten Lebensjahr verbrachten wir die Nächte in Bunkern. Die Angst meiner Mutter hat sich mir tief eingegraben. »Nie werde ich sie groß kriegen«, war ihr ständiger Gedanke. Mein Vater, Nazigegner, versteckte sich in einem kleinen hessischen Dorf als Landarbeiter. Eine körperliche Behinderung verschonte ihn davor, Soldat zu werden. Nach dem Krieg waren Hunger und Verelendung an der Tagesordnung. Meine Mutter führte, als ich vier Jahre alt war, mit Kindern ein Theaterstück gegen den Krieg auf. Ich konnte alle Rollen auswendig, trug sie mir selbst vor, spielte das Stück in der Küche nach. Meine Mutter lehrte mich Friedenslieder zu singen. Ich hatte Glück, im Bücherschrank zu Hause fand ich Tucholsky, Kästner, Gorki, Brecht.

Mit 15 las ich das erste Buch über das Konzentrationslager Buchenwald und versteckte mich dabei unter dem Schreibtisch meines Vaters. Von da an wusste ich: Ich will alles tun, damit so etwas nie wieder passiert. Mit 16 beteiligte ich mich zum ersten Mal an einem Ostermarsch gegen Atomwaffen, besuchte das Anne Frank-Haus in Amsterdam und las das Buch »Die weiße Rose« über das Leben der Geschwister Scholl. Die Grundlagen des Pazifismus vermittelten mir Kurt Tucholsky und Erich Kästner, sie wurden meine Lehrer in dieser Hinsicht. Ohne ein Buch von Kurt Tucholsky ging ich nicht aus dem Haus. Die Analyse politischer Zustände lernte ich vor allem bei Bertolt Brecht, von Menschlichkeit erfuhr ich durch Maxim Gorki.

Zu begreifen, was Pazifismus ist, ist die eine Sache. Wie aber setzt man dieses Wissen um? Wie kann verhindert werden, dass Kriege entstehen und weiter solche entsetzlichen Folgen nach sich ziehen? Seit 52 Jahren bin ich als Friedensarbeiterin aktiv.

Aktiv sein heißt: Ich habe diese Arbeit nicht aus dem sicheren Abstand der Theorie, der finanziellen Sicherheit oder der künstlerischen Distanz heraus geleistet. Ich bin hingegangen: in Gebiete, in denen Krieg wütet oder gewütet hat. Ich wollte wissen: Was bedeutet Krieg heute? Welche

Verbrechen sind damit verbunden? Was richten »moderne« Waffen an? Ich wollte Menschen, die diese Zustände aushalten müssen, zeigen: Wir versuchen, zu begreifen, was euch geschieht. Wir versuchen, in unseren Ländern, die am Entstehen der Kriege beteiligt sind, Öffentlichkeit herzustellen. Wir versuchen, Solidarität zu zeigen, indem wir Hilfsaktionen organisieren.

»Wir weigern uns, Feinde zu sein«

Was ist tätiger Pazifismus? Sicherlich eines: Abbau von Feindbildern. Von 1975 bis 1985 riefen die Vereinten Nationen die Dekade der Frau aus. Unter anderem wurde analysiert, dass Frauen weltweit über 60 Prozent der Friedensarbeit machen. Das waren auch unsere Erfahrungen bei all den Friedensaktionen, an denen wir beteiligt waren. Wir begannen, genauer hinzuschauen und zu sammeln: Zeitungen, Fotos, Filme, Flugblätter, Bücher. Im Laufe der Zeit entstand so das »Internationale Frauenfriedensarchiv Fasia Jansen«. Wir konzentrierten uns in unserer Arbeit mehr und mehr auf Aktionen, die von Frauen initiiert worden waren. Männer und Kinder waren eingeladen, sich zu beteiligen.

1985 war das Jahr der Weltfrauenkonferenz zum Abschluss der Dekade. Das Treffen fand in Nairobi statt. Es war die Blütezeit der Friedensbewegung in den westlichen Ländern, die sich vor allem gegen die Gefahr eines drohenden Atomkriegs richtete. Alles, was wir tun konnten, um diesen Krieg zu verhindern, hatten wir bereits unternommen: Wir unterstützten Kriegsdienstverweigerer nach dem Motto »Unsere Kinder kriegt Ihr nicht!« Bei Friedensmärschen waren wir 3 500 km weit durch Europa gelaufen, um mit jedem Stadtparlament zu reden und zu fordern: »Macht eure Stadt zur atomfreien Zone!« Damit waren Atomwaffen und AKWs gleichermaßen gemeint. An ungezählten Blockadeaktionen vor Stationierungsorten von Atomwaffen und im Atomtestgebiet in Nevada waren wir beteiligt. Hunderte von Treffen, Konferenzen und Friedensgesprächen fanden rund um den Erdball statt.

Bei den Weltfrauenkonferenzen der UNO in Nairobi und Peking trafen sich insgesamt über 50 000 Frauen aus der ganzen Welt. Es war ein historischer Aufbruch von ungeheurer Kraft. Gleichberechtigung, Entwicklung und Frieden waren die drei großen Themen der Dekade der Frau. Mit dem Frieden war das so eine Sache. Verschiedene Regierungen, insbesondere die der USA, versuchten, dieses Thema aus der Konferenz herauszuhalten. Ihre Ansage war: »Die Frauen sollen bei ihren Themen bleiben.« Was immer sie sich unter »unseren« Themen vorstellten. Sie drohten mit der Sperrung der Gelder, sollten die USA als imperialistisch kritisiert werden.

Unsere Antwort darauf war, einen Ort zu schaffen, an dem Frauen aus sogenannten Feindesländern in den Dialog kommen konnten. Wir mieteten ein großes Zelt und stellten es auf den Campus der Universität von Nairobi. Dort fand das Treffen der 14 000 Teilnehmerinnen aus den Nichtregierungsorganisationen statt. Frauen aus »Feindesländern« kamen unter anderem aus dem Iran und dem Irak, die zu der Zeit im Krieg miteinander waren, aus den USA und der Sowjetunion, aus Palästina und Israel. Dieser letztere Konflikt hat mich seit Nairobi nicht mehr losgelassen. Immer wieder bin ich in die Region gefahren und habe an Versöhnungscamps teilgenommen. Zu keinem anderen Konflikt haben sich so viele Menschen Gedanken gemacht, wurden so viele Friedensanstrengungen unternommen.

Wir stellten fest, dass in Kriegen und Konflikten viele Vorurteile, Missverständnisse und Feindbilder deshalb entstanden, weil beide Seiten über die Lebensrealität der jeweils anderen Seite zu wenig informiert waren. Die Dialoge waren nicht einfach zu führen. Die Verletzungen auf beiden Seiten waren oft sehr tief. Manchmal halfen Lieder und Musik, um wieder Luft zu bekommen und weitermachen zu können. Die afrodeutsche Sängerin Fasia Jansen war dabei eine verbindende Stimme. »The rich voice of peace« nannte sie die Forums Zeitung der Weltfrauenkonferenz in Nairobi. »We are gentle, angry women, and we are singing, singing for our lives« – dieses Lied wurde zur Hymne der Weltfrauenkonferenz.

Begegnungen, die Mut machen

In Nairobi begriffen wir viel. Wir trafen Frauen aus Kenia, die jeden Tag zehn Stunden laufen mussten, um das Wasser für ihre Familien herbeizuschaffen. Wir sahen die vielen tausend Menschen, die in den großen Slums und auf Müllhalden lebten. Wir lernten, dass die afrikanischen Frauen den Hunger als Waffe bezeichnen.

Wir trafen Wangari Maathai, die als erste Afrikanerin den Friedennobelpreis bekam. In den letzten 60 Jahren sind über die Hälfte der afrikanischen Wälder verschwunden: für Möbel aus Tropenholz in den Ländern des Nordens und für Feuerholz der afrikanischen Familien. Wangari Maathai hatte sich zum Ziel gesetzt, mit der Wiederaufforstung der afrikanischen Wälder zu beginnen. 50 Millionen Bäume sind zu ihrer Lebzeit neu gepflanzt worden. Durch diese Aktion bekamen viele Frauen Arbeit. Wangari Maathai strahlte Optimismus aus und hatte eine unnachahmliche Art, Menschen zu motivieren. So sagte sie den Frauen zum Beispiel: »You are poor. You will be poor the rest of your life, unless you start to do something!« Die ökonomische und ökologische Gesundung Afrikas, die Bekämpfung des Hungers sind nicht möglich ohne die Wiederaufforstung der Wälder.

Als Konsequenz aus den Dialogen bei der Weltfrauenkonferenz wollten wir, dass mehr Menschen solche Erfahrungen machen können. Wir brachten das Zelt nach Nairobi in verschiedene Länder: nach Deutschland an verschiedene Orte, nach Dänemark zur Weltfriedenskonferenz, nach Belfast, nach Murmansk und nach Nevada in das Atomtestgebiet. Anschließend sagten wir uns: Jetzt gehen wir in die Länder, die man für uns zu Feindesländern erklärt hat und versuchen, ein Stück weit zu erfahren, wie die Menschen dort leben. In der Zeit der Auseinandersetzungen über die Gefahren eines Atomkrieges waren dies vor allem die Staaten des »Ostblocks« mit der Sowjetunion als stärkster Kraft. Bei verschiedenen Treffen, unter anderem in Nairobi, waren bereits Freundschaften mit Frauen aus diesen Ländern entstanden. So zum Beispiel mit Valentina Tereshkowa, die weltweit als erste Frau im Weltall war. Sie stellte für die Frauen in den Ländern des Warschauer Pakts ein Modell dafür dar, dass Frauen alles erreichen können. Valentina wurde zu einem »Fan« unserer Friedensarbeit. Wir kannten sie bereits von verschiedenen Konferenzen, bei denen sich Frauen aus allen Ländern der NATO und des Warschauer Pakts getroffen haben. Valentina war die Leiterin der sowjetischen Delegation in Nairobi und lud uns zu einem Treffen in die dortige Botschaft ein. Gleichzeitig war die Leiterin der US-Delegation eingeladen, Maureen Reagan, die Tochter des damaligen Präsidenten. Valentina vergaß das ganze Protokoll, als sie uns sah, lief vom Roten Teppich herunter und umarmte uns stürmisch. Ihre Mitarbeiterin bat uns: »Bitte heute hier keine Friedensaktionen.« Ganz konnten wir dem Wunsch nicht entsprechen.

Nach Nairobi bekamen wir einen Friedensbus von der US-amerikanischen Frauenfriedensstiftung »Foundation for a compassionate society« geschenkt, die auch viele unserer Reisen in die Kriegsgebiete und zu Aufklärungsaktionen finanziert hatte. Mit diesem Gefährt fuhren wir ab 1987 insgesamt 200 000 Kilometer weit durch West- und Osteuropa, um Netzwerke zu bilden, Alltagsleben kennenzulernen, Feindbilder abzubauen, zu erfahren, wie Krieg im Bewusstsein der Menschen präsent ist und was sie heute für den Frieden leisten. Ich war Organisatorin, Rednerin und Fahrerin zugleich. Manchmal schien es, als ob die Straßen, die wir befuhren, endlos wären.

1987 luden Michail Gorbatschow und die Internationale Demokratische Frauenföderation (etwa 3 000 Frauen) zu Friedensgesprächen in den Kreml ein. Es war ein erhebendes Bild: zum ersten Mal in der Geschichte so viele Frauen in den heiligen Hallen des Kremls. Zu der Zeit fuhren wir gerade mit dem Bus durch die Sowjetunion, wurden auch zur Konferenz eingeladen. Hier hatten wir die Möglichkeit, prominente Frauen zu interviewen. Etwa die Initiatorin der Grünen, Petra Kelly, die afroamerikanische Aktivistin Angela Davis, die australische Kinderärztin Helen Caldicott, Initiatorin der »Ärzte gegen Atomkrieg« und viele andere. Der Bus und unsere Fahrt wurden bei dem Treffen als positives Beispiel einer pazifistischen Aktion vorgestellt.

Kriegsherde und die Mitschuld des Westens

Der Ost-West-Konflikt ließ uns keine Ruhe. Es entstand die Aktion: »Women for a meaningful summit« unter Beteiligung von Parlamentarierinnen, Frauen- und Friedensaktivistinnen aus vielen Ländern. Delegationen dieser Gruppe fuhren zu allen Gipfeltreffen zwischen Reagan, später Bush sen., und Gorbatschow, der Sowjetunion und den USA. Wir versuchten, die Friedensvorschläge, die Frauen aus der ganzen Welt erarbeitet hatten, einzubringen. Diese Vorschläge gingen weit darüber hinaus, was in Genf, Reykjavik, Malta und Washington verhandelt wurde. Wir, die Friedensaktivistinnen, standen mit unseren Transparenten vor den Tagungsorten. Margharita Papandreou, Vorsitzende der größten griechischen Frauenorganisation und Frau des damaligen griechischen Präsidenten, war an der Aktion beteiligt. Durch sie und einige andere bekamen die Vorschläge Zugang zu den Verhandlungspartnern.

All die Aktionen wurden dokumentiert, Filme, Rundfunksendungen, Fotoausstellungen und Vorträge entstanden. Wir organisierten Hilfsaktionen für die vergewaltigten, traumatisierten Frauen in Bosnien, die Komitees der »Mütter der Verschwundenen« in Lateinamerika, das Netzwerk der nordamerikanischen Indianerinnen, Frauenprojekte in Südafrika, die Frauen der Zapatisten in Chiapas (Mexiko), die das »Gesetz der Frau« in langen Gesprächen mit den Indigenas herausgearbeitet hatten, den Zusammenschluss protestantischer und katholischer Frauen in Nordirland und andere mehr. An alle diese Orte bin ich gefahren. Zum Teil gab es bedrohliche Erlebnisse.

Der zuletzt genannte Konflikt, der Krieg in Nordirland, dieses Überbleibsel kolonialpolitischer Ansprüche, war zum Ende des 20. Jahrhunderts noch unbegreiflicher als zuvor. Wenn man durch die wunderschönen Landschaften entlang der Küsten Nordirlands fährt, die endlosen irischen Balladen über die Freiheitsbestrebungen hört oder den Humor erlebt, den sich die Menschen dort nicht abgewöhnt haben, erscheinen die Erfahrungen des Krieges noch viel absurder.

Meine Freundin Monica lebt in Belfast. Zu jener Zeit war sie Dozentin an der Universität. Die Gewalt des Krieges hatte auch das zivile Leben erreicht. Die Misshandlung von Frauen hatte sprunghaft zugenommen. Monica unterrichtete auch Polizistinnen, die sich in ihrem Job um misshandelte Frauen kümmerten. Die IRA hatte zu der Zeit jegliche Kooperation mit der Polizei untersagt und mit Gewalt bedroht, so auch Monica. Wenn sie ihre Kinder zum Kindergarten brachte, stieg sie erst alleine in ihr Auto, die Kinder blieben zunächst im Haus. Ich fragte sie: »warum?« »Ich muss erst das Auto starten und dann sicher sein, dass keine Bombe installiert ist«, sagte sie.

Ab Mitte der 90er-Jahre wurden die Zusammenhänge zwischen Globalisierung und Krieg zu unserem neuen

Schwerpunkt. Zu der Zeit fand auch die 4. Weltfrauenkonferenz in Peking statt. Mit dem Frauenfriedenszug fuhren 240 Frauen aus 40 Ländern 1995 drei Wochen lang von Helsinki nach Peking zur Konferenz. Der Zug glich einer reisenden Schule, in der wir viel über die Friedensbemühungen in all den Ländern erfahren und weitergeben konnten. Wir machten in neun Ländern Station, trafen uns mit Frauen von dort, um ein Bild von deren Lebensrealität zu bekommen.

Wir analysierten die Ursachen, die Rolle der NATO und der nationalen Armeen des Westens bei diesen Konflikten. Die Kriege, die im Zusammenhang mit der Neuverteilung des Landes und der Ressourcen nach dem Zusammenbruch der Sowjetunion entstanden – wie in Tschetschenien und Afghanistan – waren ebenso Gegenstand unserer Kritik. Interessant zu beobachten war dabei die Reaktion der Medien. Wurden über unsere früheren Hilfsaktionen immer viele Berichte veröffentlicht, so endete das Interesse jetzt, als wir dazu übergingen, die Militärpolitik unserer Länder, die NATO und die Zusammenhänge zwischen Krieg und Globalisierung zu beschreiben und zu kritisieren.

Ein Aktionsvorschlag: Regionen des Friedens entwickeln

Im Unterschied zum jährlich ausgerufenen Titel »Kulturhauptstadt Europas«, um den viele Städte konkurrieren, ist bei der Schaffung von Regionen des Friedens die Kooperation aller erwünscht. Die Regionen sollten nicht von Kommissionen ausgewählt, sondern von möglichst vielen Menschen entwickelt und begründet werden. Die Beteiligten wollten nicht länger nur an einzelnen Baustellen arbeiten, ihnen schwebte ein großer Wurf vor. In einer Region des Friedens soll Leben in seiner ganzen Mannigfaltigkeit möglich sein. Einige Fragen in diesem Kontext sind:

- *Was und wie kann in einer solchen Region produziert werden? Wer entscheidet darüber?*
- *Wie produzieren wir Lebensmittel, die auch wirklich als Mittel zum Leben bezeichnet werden können?*
- *Wie sichern wir den Zugang zu Bildung und Kultur, zu jeder Form kultureller Arbeit für alle Menschen?*
- *Wie wehren wir uns gegen die Privatisierung jener Güter und Einrichtungen, die der Befriedigung von Grundbedürfnissen der Menschen dienen, z.B. Gesundheit, Bildung, Wasser, Ernährung, Wohnen?*
- *Wie entwickeln wir Gemeinschaftseinrichtungen: Produktionsstätten, Volksrestaurants, Kaufhäuser usw.?*

Aktuell haben wir bereits damit begonnen, Veränderungen anzustoßen. An unseren Wohnorten versuchen wir, daran zu arbeiten, Zustände zu schaffen, die dem guten Leben aller Menschen dienen, dem von Frauen und Männern, Kindern und alten Menschen, MigrantInnen und Flüchtlingen. Keiner soll zurückbleiben. Dazu ist Widerstand gegen bestehende Strukturen notwendig. Oft ist dies mir harter, belastender Arbeit und dem Einblick in schwere menschliche Schicksale verbunden. Aber: »Widerstand ist das Geheimnis der Freude«, wie die afroamerikanische Schriftstellerin Alice Walker sagte.

JÖRG ZINK:
Erst die Liebe zum Feind schafft Frieden

Die Bergpredigt gilt bei vielen als Beispiel unerreichbar hoher Moral, und es heißt, man könne mit ihr die Welt nicht regieren. Gut möglich, dass »man« es nicht kann. Aber wir, die nach Jesus Christus heißen, könnten vielleicht erkennen, dass es nicht um Moral geht, wenn Jesus sagt: »Liebt eure Feinde! Betet für eure Verfolger! So werdet ihr Töchter und Söhne sein eures Vaters im Himmel«, denn er meint eine Befreiung – die Befreiung vom Zwang, wie selbstverständlich dem Feindlichen feindlich und der Gewalt gewaltsam zu begegnen.

Liebe zum Feind und Gewaltlosigkeit, wie Jesus sie fordert, bedeuten: Schau dir deinen Gegner gut an. Er ist niemals das Böse schlechthin, du musst unterscheiden lernen: Vor dir steht ein Täter, der Unrecht begeht, das ist das eine. Vor dir steht aber auch ein Mensch, das ist das andere, und das verbindet euch trotz aller Feindschaft. Wenn sich das Bild, das du von ihm hast, auf das des Täters beschränkt, vergibst du die Chance auf eine versöhnliche Lösung.

Jesus sagt darum: »Liebt eure Feinde! Weitet euren Blick für sie und nehmt sie wieder als Menschen wahr. Versucht zu verstehen, warum sie so bedrohlich denken und handeln, und welchen Anteil womöglich ihr selbst daran habt.« Es ist eine Frage der Weisheit, den Feind so zu achten, dass man ihn versteht und dieses Verstehen einbringen kann in die Begegnung mit ihm, denn das ist der einzige Weg zum Frieden. Wir können die eine Welt mit ihren vielen einander fremden Staaten, Völkern und Gruppen nur im Frieden bewohnen, wenn wir unser Bild nicht einschränken auf das Unrecht, das manche von ihnen in unseren Augen begehen. Wir müssen sie im eigenen Denken und im Dialog mit ihnen herauslösen aus dem Bild des Feindes, und wirkten sie noch so erschreckend auf uns.

Den Feind lieben

Den Feind lieben heißt gewiss nicht sich anbiedern oder unterwerfen, es heißt gewiss nicht Grausamkeit hinnehmen, ohne sich zu wehren und den Verfolgten zur Seite zu stehen. Aber es heißt sehen, dass auch unsere Feinde Menschen sind wie wir: fehlerhaft, verängstigt, irrend, gebunden an Interessen und Vorurteile. Den Feind lieben – das kann, vor allem wenn es nur mit halbem Herzen geschieht, auch misslingen. Aber Befriedung und Versöhnung sind erst zu erreichen, wenn wir bereit sind, dieses Risiko einzugehen.

Den Feind lieben – das heißt sich von Unrecht oder Bedrohung nicht blenden lassen: nicht in Panik geraten, nicht die erstbeste gewaltsame Antwort für die letztmögliche halten und sich nicht in Ideologien retten, die den eigenen Standpunkt zum einzig erlaubten erklären.

Den Feind lieben – das heißt in den Spiegel sehen: die eigene Antwort immer vergleichen mit dem Angriff des Feindes und darauf achten, nicht ungewollt ähnlich zu handeln wie er.

Den Feind lieben – das heißt unterscheiden zwischen dem Unrecht und dem Menschen, der es begeht: das Unrecht bekämpfen und zugleich versuchen, den Täter womöglich zum Freund zu gewinnen.

Den Feind lieben – das heißt hinausdenken über die Feindschaft: davon ausgehen, dass Menschen sich ändern können, Feindschaften beigelegt und Konflikte versöhnlich beendet werden können.

Des anderen Last tragen

Die allererste Bedingung für die Liebe zum Feind ist, seine Existenz nicht mehr in Frage zu stellen: nicht mehr zu glauben, die Welt sei in Ordnung zu bringen, indem man ihn und Seinesgleichen verjagt oder beseitigt. Dieser Glaube ist noch immer sehr verbreitet – im Großen wie im Kleinen – und hört sich zum Beispiel so an:

Die Gottlosen sollten verschwinden, denn ohne sie wäre die Welt ein Garten Gottes. Die Christen vertraten durch lange Jahrhunderte diese Auffassung, und viel zu oft handelten sie danach.

Heute heißt dieser Satz immer öfter: Wenn es bei uns den Islam nicht gäbe oder wenigstens keine Islamisten, könnten wir in einem »christlichen Abendland« sicher und friedlich leben.

Oder er heißt, vielleicht sogar mit guten Gründen: Wenn es die Banken nicht gäbe, die Finanzmärkte und Heuschrecken der Globalisierung, dann könnte es gerechter zugehen in dieser Welt.

Und im Kleinen heißt dieser Glaube: Wenn es meine zänkischen Nachbarn nicht gäbe, die egoistischen Kollegen und die undankbaren Verwandten, könnte ich irgendwann vollkommen glücklich sein.

Nimmt man zusammen, wer von wem wünscht, es möge ihn nicht geben, dann bleibt am Ende wohl niemand mehr übrig. Wenn aber Frieden entstehen soll, müssen wir zuerst die Existenzberechtigung auch all der vielen Menschen anerkennen, von denen wir aus allen möglichen Gründen wünschten, es gäbe sie nicht.

Paulus nennt dies »das Gesetz des Christus« anwenden: »Einer trage des anderen Last – das heißt seine Dummheit, Gemeinheit, Müdigkeit, seine Vorurteile und Rechthaberei, auch seine Ablehnung –, so werdet ihr das Gesetz des Christus erfüllen.«

Praktisch bedeutet es zum Beispiel dies:

Der eine bedenke die Angst des anderen und versuche zu ergründen, was er selbst beiträgt zu ihrer Entstehung.

Der eine ertrage die Ablehnung durch den anderen und versuche, ihm in Güte das Verbindende aufzuzeigen.

Der eine erkenne die Vorurteile im Denken des anderen und versuche, ihm durch das eigene Vorbild die Augen zu öffnen.

Der eine anerkenne den Irrweg, auf dem sich der andere befindet, und suche mit ihm zusammen den richtigen Weg.

Der eine verstehe den Wunsch des anderen, die eigene Wahrheit des Glaubens allgemein durchzusetzen, und mühe sich ehrlich, ihm diesen gefährlichen Wunsch auszureden.

Der eine nehme die Schwierigkeiten des anderen ernst, gewohnte Ansichten und gelerntes Verhalten zu ändern, und übe sich in Geduld.

Der eine bedenke, worunter der andere leidet, schließe ihn nicht aus und laufe nicht vor ihm weg, sondern schließe ihn ein und halte bei ihm aus.

Der eine begreife die Last, die der andere sich selbst ist, und vergrößere sie nicht durch die Last der Verachtung.

Der eine sehe die Schuld, die der andere trägt, und verurteile ihn nicht, sondern trage und heile mit ihm gemeinsam die Folgen.

Wird die Existenz des anderen nicht mehr in Frage gestellt, eignet er sich nicht mehr als Feindbild, sondern wird zu einer Aufgabe, der man sich als Christ nicht entziehen kann. Man darf sich freilich nicht wundern, wenn man dann von keiner Seite Beifall bekommt. Wer Frieden stiften will, muss bereit sein, das eine oder andere der vielen Feindbilder selbst mitzuertragen, ohne die offenbar bis heute kaum jemand auskommen kann. Feindesliebe bedeutet dann, gerade denjenigen Menschen mit Achtung zu begegnen, zu deren Feindbild man selbst dabei wurde.

Solange das Tragen der fremden Last und die Liebe zum Feind als Utopien von Träumern gelten, darf niemand sich wundern, wenn all unsere Verhandlungen, Friedens- und Abrüstungskonferenzen bisher kaum etwas bewirken gegen die wachsende Feindseligkeit und die Aufrüstung in allen möglichen Konflikten. Denn selbst wenn der Einsatz von Waffen und von Gewalt manchmal unausweichlich erscheint zur Abwehr einer konkreten Gefahr – am Ende führt erst die wohlwollende Zuwendung zum Gegner, von der Jesus in seiner Bergpredigt spricht, uns näher zum Frieden auf Erden.

FRIEDRICH SCHORLEMMER:
Den Frieden riskieren

Ein von den einen bewunderter, von anderen belächelter Glaube hat uns aufrechter und aufrichtiger leben lassen, als wir uns das selber zutrauten in den Landschaften der »dialektischen« Lügen und der geballten Friedensfäuste. Mein auch leidenschaftliches Plädoyer für einen Frieden, der nicht nur Ziel, sondern zunächst Weg ist, kommt nicht zuletzt aus der Begegnung mit meinen eigenen Abgründen und mit meinem Scheitern.

Ich – und das sind Erkenntnisse, die mir Literatur, neben dem großen Buch der Bücher, vermittelt hat – bin zu allem fähig: Ein Kreuzritter der Welterlösung und Kleininquisitor der Wahrheit, Eichmann-Sohn und Mielke-Nachbar, Serben- und Kroatenbruder, ich, Brand-Satz-Sprecher, Befehlender und Gehorchender eines Schießbefehls, einer Vergeltungsaktion, einer Brandrodung.

Und ich auf dem Wege mit Jesus und Maria, Theresa und Mahathma, Franz und Nelly, Lew und Edith, Dom Helder und Rosa.

Und ich bin ein seliggepriesen Sanftmütiger, ein barmherzig Liebenswürdiger, ein friedfertig Friedensfähiger. Wohin führt mich mein Weg, welche Wahl wird mir gelassen, wer geht mit mir? Es ist offen, wunderbar offen, drohend offen.

So wird mir heute eine Dennoch-Urkunde verliehen, die mir sagt: Mach einen neuen Versuch. Verlier nicht den Mut, wo doch das Erschrecken über »den Menschen« zugleich ein Erschrecken über dich selbst wird, der du zufällig, ganz zufällig nicht auf dem Balkan oder im Kaukasus wohnst. Wie steht es um den Welt-Frieden in dir? Wie dünn ist die Haut deiner Friedfertigkeit?

Wie lange hältst du den anderen aus, du, ich, mit dem Kainsmal Gezeichneter? »Nenne mir ein Verbrechen, das ich nicht auch hätte begehen können!« Kain, der Mensch mit verfinstertem Blick, der Andersartigkeit nicht erträgt, Ausschließlichkeit beansprucht, den Anruf nicht hört, Antwort und Verantwortung verweigert, Für-Sorge abweist. Unstet ist er, in sich zerworfen. Am Anfang, erste Tat außerhalb des Paradieses – ein Mord und nicht nur dies: Verweigerung der Antwort. An unserem Ende könnte die Zerstörung des Paradieses »Erde« stehen, des Gartens, von dem wir leben. Dennoch: Wort-Antwort-Verantwortungswesen sind wir.

Am Anfang steht nichts anderes als ein gesenkter Blick, der zum bösen wird. Den anderen nicht mehr ansehen, sich in sich selbst verkrümmen, das Gesicht des anderen, des Menschenbruders, der Menschenschwester, nicht mehr sehen, den Zorn in sich wachsen und wuchern lassen, die inneren Spannungen und äußeren Verletzungen auf ihn konzentrieren, um dann, nicht mehr Herr im eigenen Hause, zuzuschlagen und im selben Moment noch die Verantwortung für die Tat abweisen – das ist unser wiederkehrendes Schicksal, von dem wir uns befreien können, wenn wir rechtzeitig aufsehen, im Gesicht des anderen uns selber entdecken, auch in der Fratze des anderen, die aus Angst Angst macht, aus Wut Gewalt werden läßt, aus Verletzung verletzt, aus Ungerechtigkeitsgefühl ungerecht wird, sich Gerechtigkeit »holt«. Wo wir im anderen uns selbst – mit all unseren Schatten – wiederentdecken, können wir es lernen, Differenz zu ertragen, einander leben zu lassen!

Es ist nicht einfach das Verdienst des Opfers, Opfer zu sein, doch Opfer verdienen all unsere Fürsorge und Vorsorge.

Unversehens verwandeln sich Opfer in Täter, werden vom Abel zum Kain. Auch Kain muss geschützt werden, damit er nicht – selber zum Opfer gemacht – nur noch Kinder zurücklässt, die Kainskinder sind: Gezeichnete. Doch Kain und seine Kinder bedürfen der Einsicht in das, was sie ausgelöst, angerichtet, hinterlassen haben.

So meinten Antifaschisten, der Ermordung Entronnene, auf Dauer einen Bonus zu besitzen, der sie berechtigte, Menschenrechte zu verletzen, weil sie selbst schrecklich Verletzte gewesen waren. Sie meinten, Feinde »liquidieren« zu dürfen, weil sie selbst von Liquidation bedroht gewesen waren.

Schwerstes und riskantestes Unterfangen: Gnade für Kain, damit er nicht auf sein Kainsein reduziert wird. Und die Aufgabe der Nachkommen Abels ist, nicht die Rollen zu wechseln. Gleichzeitig ist dafür Sorge zu tragen, dass Kain nicht weitermacht.

Unbestechliche lebten und leben mitten unter uns, Menschen, die sich nicht zu Tätern machen lassen, durch nichts und niemand. Viele, die sich rächen könnten, vergessen nicht, was es hieß, ein Opfer zu sein. Sie sind die Hoffnung des Friedens. Wie schnell wird andererseits unter der Zunge, unter der Hand der Zorn dessen, der sich gerecht wähnt, zu Unrecht, zur Untat. Aus Vor-Wurf wird flugs der erste Stein.

Wer von euch ohne Schuld ist, der werfe. Wie nah kommen sich alsbald individuelle Tragik, persönliche Rivalität und gesellschaftliches Verbrechen!

Wer Opfer wurde, ist deshalb nicht schon besser als der Täter – oft wurde er nur davor bewahrt, Täter zu werden, weil er nicht konnte.

Wir erleben es – und ich sage das sehr zögernd, ohne den Richtfinger –, wie auch Moslems so werden können wie die Serben, die wie Kroaten von damals wurden. Wir lassen uns polarisieren. Wir sagen zu leicht: die Serben, die Kroaten, die Moslems. Wir teilen ein, verstärken die Fronten durch Einteilungen, die tödlich werden. Unsere Erschütterung und unsere Ohnmacht verleitet dazu, aus Mitgefühl Machtmittel einzusetzen, unsererseits dreinzuschlagen, damit endlich Friede wird. Die Vereinten Nationen finden nicht die Kraft, den Krieg auszutrocknen. Die friedlichen Mittel werden nicht ausgeschöpft. Die Waffenhändler sind unter uns. (Deutschland ist der drittgrößte Waffenexporteur.) Wenn uns die Mittel des Friedens zu teuer werden, werden wir an den Mitteln des Krieges zugrunde gehen. Was wir an zivilem Einsatz versäumt haben, werden wir nicht durch kriegerischen gutmachen können. Deshalb plädiere ich für Friedenskorps, einen internationalen Zivildienst. Gewalt muß wirklich ultima ultima ratio bleiben.

Unsere Haltungen prägen unsere Handlungen. Eine Differenz bleibt, wo Haltungen ethischen Maximen folgen, die sich nicht in bloßen Interessen erschöpfen. Aber sollten wir wegen dieser Differenz darauf verzichten?

Wo aus Übermut Sanftmut und aus Wankel-Mut ein Wandel-Mut wird, wo aus Eigen-Sinn Gemein-Sinn, aus Leid Mit-Leid, aus Hartherzigkeit Barmherzigkeit, aus Vergeltung Vergebung, aus Sorge Fürsorge, aus Vorherrschaft Partnerschaft und aus dem Geschöpf das Mitgeschöpf wird – da erst wird aus dem Menschen ein Mitmensch, das »Tier, das Zivilcourage hat« (Hilde Domin). Da wird aus unproduktiver Zerstrittenheit eine produktive Einheit. Der umgekehrte Weg mag noch so wahrscheinlich sein; Wahrscheinlichkeit ist kein ethisches Argument, sondern statistische Resignation.

Hoffnung kann sich gegen Erfahrung stellen, wo sie Bedrängnis aushält, sich in Geduld bewährt. Schließlich ist alles »Vertrauen gegen den Augenschein«, abgrund-tief, himmel-hoch. Wir sind »dem bösen Ende näher« (Hans Jonas) und immer wieder am Anfang.

Es kommt schon einem Wunder gleich, wenn jahrzehntelang auf den Tod Verfeindete einen Schritt aufeinander zugehen, den niemand mehr erwarten mochte. Der Mut des Friedens ist nach allen Blutbädern weit größer als der Mut, wieder einen Krieg zu führen.

HEIKE HÄNSEL, HENNING ZIEROCK:
Für ein Menschenrecht auf Frieden – Gelebte Beispiele einer »Kultur des Friedens«

»Der Frieden ist das A und O aller menschenfreundlichen Tätigkeiten, aller Produktion, aller Künste, einschließlich der Kunst zu leben.«
Bertolt Brecht

Krieg und Gewalt dominieren die Geschichte der Menschheit und prägen immer noch unsere Gesellschaft nach innen und nach außen. Weltweite Militärinterventionen sind heute »selbstverständlich«. Das »neue Kriegsbild« soll uns vermitteln, dass wir es gar nicht mehr mit Kriegen zu tun haben, sondern mit einer besonderen, durch die neuen Unsicherheiten der Weltgesellschaft erforderlichen Form der Sicherheitspolitik. Sicherheitspolitik wird dabei auf Militärpolitik reduziert.

Die mächtigen und reichen Staaten der Erde reagieren auf die wachsenden sozialen und ökologischen Probleme, die sie selbst mitverursachen, nicht mehr politisch, sondern mit militärischer Intervention. Wir erleben auch in Deutschland eine Wende von der Zivillogik hin zur Militärlogik. Die »Enttabuisierung des Militärischen« ist weitgehend vollzogen.

Der »Krieg gegen den Terrorismus« hat den Terrorismus weiter entfacht, wie wir es täglich im Irak und Syrien sehen können. Auch »Krieg für Menschenrechte«, wie zum Beispiel in Afghanistan, hat den Menschen nicht mehr Sicherheit gebracht. Die Politik delegiert die Aufgaben einer sogenannten Konfliktlösung an das Militär – gemeint ist ein »Regimechange« wie etwa im Krieg gegen Libyen. Oft stehen hinter solchen Handlungen Interessen der Machtsicherung, der Erhaltung eines bestimmten Lebensstandards oder der Ressourcensicherung.

Auch innerhalb unserer Gesellschaft erleben wir eine Zunahme von Gewalttaten und Formen struktureller Gewalt: in unserem Wirtschafts- und Verkehrssystem, im Umgang mit der Natur, in zwischenmenschlichen Beziehungen oder im Klassenzimmer. Potenziert wird dies durch kommerzialisierte und virtuelle Gewalt in den Medien. Rechtsradikale Gewalt gegen Menschen zeugt vom Zustand einer Gesellschaft, die sich an diese Gewaltbereitschaft zu gewöhnen droht.

Dieser Gleichgültigkeit und Ohnmacht steht eine pazifistische Tradition entgegen, die von zahlreichen Persönlichkeiten, Bewegungen und Initiativen geprägt ist. Zu Vorbildern wurden etwa Mahatma Gandhi, Martin Luther King, Bertha von Suttner, Albert Schweitzer, Albert Einstein, Nelson Mandela und viele andere. Es geht um einen »aktiven politischen Pazifismus«, um eine vorausschauende, verantwortungsvolle Friedenspolitik, die Alternativen zur herkömmlichen Politik aufzeigt. Dazu ist die Stärkung einer pazifistischen Haltung dringend nötig. Instrumente ziviler Konfliktlösungen sind bisher noch kaum entwickelt.

Wir alle benötigen aber konkrete Beispiele und Vorbilder für gewaltfreies Handeln: für kreative zivile Konfliktlösungen in Beziehungen zwischen einzelnen Menschen, in weiten

Teilen unserer Gesellschaft und auf internationaler Ebene. Diese Friedensbeispiele kommen in der Öffentlichkeit und in den Medien viel zu wenig zur Sprache – im Gegenteil sind diese geprägt von Kriegs- und Gewaltdarstellungen. Die »Gesellschaft Kultur des Friedens« trägt dazu bei, dass Friedenserfahrungen ausgetauscht, Mut gemacht, Hoffnungen gepflanzt und Haltungen verändert werden – beständig und mit »brennender Geduld«.

Beispiele einer »Kultur des Friedens«

In der politischen Auseinandersetzung um eine aktive Friedenspolitik werden Friedensideen von Militärapologeten gern als »naiv« und »unrealistisch« oder sogar »unverantwortlich« abgetan. Militärische Interventionen gelten dagegen automatisch als »realistisch«, »verantwortlich« und meistens »ohne Alternative«. Dabei zeigen doch die langjährigen Erfahrungen mit militärischen Einsätzen, dass sie letztendlich die Spirale der Gewalt nicht durchbrechen können – im Gegenteil: Sie tragen zu neuem Leid, neuer Zerstörung und weiterer Militarisierung und Aufrüstung bei.

Vor allem die gewaltfreien Alternativen geraten zu wenig in den Fokus der Aufmerksamkeit. Dabei sind sie es wert, viel stärker hervorgehoben und unterstützt zu werden, denn es sind gelebte Beispiele des Friedens, die oft mehr Mut, Überzeugung und einen längeren Atem erfordern als der schnelle Griff zur Waffe. Von diesen »Inseln des Friedens« gehen Hoffnung, Würde und eine große Energie aus. Nicht selten zahlen diese Menschen einen hohen Preis. Auch sie riskieren ihr Leben, nicht nur Soldaten.

Bei zahlreichen internationalen Friedensdelegationen konnten wir immer wieder Menschen treffen, die sich aus innerer Überzeugung in extrem schwierigen sogar verzweifelten Situationen für Gewaltfreiheit entschieden haben. Diese Entscheidung hat sie selbst und ihre Umgebung verändert und es geht von ihnen eine unbeschreibliche Faszination aus. Sie können eine tief sitzende Sehnsucht in uns allen berühren.

Diese Erfahrung haben auch die Mitglieder der Friedensgemeinde San José de Apartadó gemacht. Seit nunmehr 17 Jahren leben die Menschen im Nordwesten Kolumbiens ihre selbst erklärte Neutralität und Gewaltfreiheit inmitten einer Region, in der es immer wieder zu gewalttätigen Auseinandersetzungen von Paramilitärs, Armee und Guerillagruppen kommt. San José ist ein Symbol der Hoffnung dafür geworden, dass ein Leben in Frieden möglich ist. Und ihre Bewohner und Bewohnerinnen haben einen hohen Preis dafür gezahlt: Fast 200 von ihnen sind in den vergangenen Jahren für dieses Engagement von Paramilitärs und Armee ermordet worden.

Fast 50 Jahre dauert der Bürgerkrieg in Kolumbien bereits. Laut Schätzungen der UN hat er mehr als 600 000 Todesopfer gefordert, sechs Millionen Menschen wurden innerhalb des Landes vertrieben. Es geht immer auch um das Land und seine Bodenschätze: Öl, Kohle, Gold, Coltan und Anbaufläche für Ölpalm- und Bananenplantagen.

Als Konsequenz aus dieser Erfahrung erklärte sich die Gemeinde San José de Apartadó, in der etwa 1300 Menschen leben, 1997 zur ersten »Friedensgemeinde«. Ihr Ziel ist es, auf ihrem Land bleiben zu können. Auf einem großen selbst gemalten Schild am Ortseingang kann man die Prinzipien lesen:

- *Kein Zugang für bewaffnete Akteure,*
- *niemand aus der Gemeinde gibt Informationen oder sonstige Unterstützung an Bewaffnete.*

Die Gemeinde fordert auf diese Weise ein, als Zivilbevölkerung respektiert zu werden. Dabei beruft sich die Friedensgemeinde auf Internationales Humanitäres Recht und wird auch vom Interamerikanischen Gerichtshof für Menschenrechte unterstützt, der die Regierung wiederholt dazu angehalten hat, die Mitglieder der Friedensgemeinde zu schützen.

Die Idee der Friedensgemeinden hat Schule gemacht und ist ein zukunftsträchtiges Entwicklungsmodell. Es gibt bereits 50 Gemeinden, so genannte »Humanitäre Zonen«, die sich auf diese Weise dem bewaffneten Konflikt Kolumbiens entziehen und unbewaffnete Inseln des Friedens geschaffen haben. Sie alle bedürfen eines besonderen Schutzes gerade auch der internationalen Öffentlichkeit gegen Übergriffe von Seiten der paramilitärischen Verbände. Denn internationale, gewaltfreie Präsenz in den Gemeinden, zum Beispiel durch die Peace Brigades International, hat ganz konkret zum Schutz der Menschen beigetragen. So wurde eine Idee der Gewaltfreiheit durch »gewaltfreie Intervention« verstärkt. Mittlerweile hat in Kolumbien ein hoffnungsvoller Friedensprozess begonnen, an dessen Ausgang vielleicht das Ende des jahrzehntelangen bewaffneten Konflikts steht. Dann sind die Friedensgemeinden der Humus, auf dem Versöhnung und ein würdiges Leben wachsen können.

Im Rahmen einer Friedenreise gegen den drohenden Irakkrieg im Jahr 2003, an der sich auch Konstantin Wecker beteiligte, trafen wir auf eine ganz andere gewaltfreie Initiative, die gegen den herrschenden Mainstream entstand und sich in den USA befindet. Einige der Angehörigen der Opfer des Terroranschlags vom 11. September 2001 gründeten die Organisation »Peaceful Tomorrows«, um dem sogenannten »Krieg gegen den Terror« ihre Arbeit der Versöhnung und Gewaltfreiheit entgegenzusetzen. Ihre Motivation lautet: »unseren Schmerz in das Handeln für den Frieden umzuwandeln«. Damit wandten sie sich von Beginn an gegen die Instrumentalisierung ihres Leids für die neuen NATO-Kriege. Sie engagierten sich zunächst gegen den Krieg in Afghanistan und dann gegen den Irakkrieg. Im Mittelpunkt ihrer Arbeit steht die menschliche Begegnung. So fuhren sie 2002 nach Afghanistan, um dort Angehörige von afghanischen Kriegsopfern der US-Armee zu treffen. Und kurz vor Beginn der US-Invasion in den Irak fuhren sie Anfang 2003 nach Bagdad, um irakische Angehörige von Opfern des vorherigen Golfkrieges zu treffen. Gemeinsam demonstrierten sie vor dem Al Amiriyah-Bunker in Bagdad, in dem durch US-Bomben 1991 mehr als tausend Menschen getötet worden waren, gegen den neuen drohenden Krieg. »Wir sind alle Opfer des Terrors und wenden uns gemeinsam gegen Krieg und Terror« war die eindrückliche und bewegende Botschaft, unterstützt von weiteren internationalen Friedensdelegationen. Bis heute engagieren sich die Mitglieder von »Peaceful Tomorrows« gegen den sogenannten »Krieg gegen den Terror« und seine katastrophalen Folgen.

So fordern die Angehörigen seit Jahren die Schließung von Guantanamo und eine Verurteilung der Verantwortlichen in der US-Administration und den Geheimdiensten für die massive weltweite Anwendung von Folter in geheimen Gefangenenlagern. Sie fordern auch das Ende des weltweiten US-Drohnenkrieges. Sie gründeten ein weltweites Friedensnetzwerk von Angehörigen der Opfer von Krieg und Terror in mehr als 17 Ländern, die sich aktiv für Gerechtigkeit, Versöhnung und wirklichen Frieden stark machen. Damit stehen sie exemplarisch für das »andere Amerika«, das sich der US-Kriegspolitik widersetzt, sie sind wertvolle Partner der europäischen Friedensbewegung. Gleichzeitig haben sie im Irak und Afghanistan ein Fundament der Versöhnung gelegt, das Hass und Feindbilder überwinden helfen kann.

An den großen Antikriegs-Demonstrationen in Washington und New York 2003, kurz vor Beginn des Irakkrieges, beteiligten wir uns mit einer weiteren Delegation aus Europa. Dort trafen wir wieder auf die Gruppe der »Peaceful Tomorrows«, die direkt am Ground Zero gegen den drohenden Irakkrieg demonstrierte, um die Spirale von Krieg und Terror zu durchbrechen. Dies war ein beeindruckendes Zeugnis eines Friedenswillens, das viel zu wenig Aufmerksamkeit in den Medien erhielt.

Das dritte Beispiel kommt ebenfalls aus einer Region, die von jahrzehntelanger Besatzung, Krieg und Hass gezeichnet ist. Der Nahe Osten.

2005 wird der elfjährige palästinensische Junge Achmed Khatib im Flüchtlingslager von Jenin durch die Kugeln eines israelischen Soldaten getötet. Seine Spielzeugpistole, mit der er grade spielte, wurde für echt gehalten, so die israelische Armee. Eine Verwechslung, die schon viele palästinensische Kinder das Leben gekostet hat. Achmeds Vater Ismail Khatib wird gefragt, ob er bereit sei, die Organe seines Sohnes zu spenden. Gemeinsam mit seiner Frau trifft er eine »weltbewegende« Entscheidung: die Organe seines Sohnes retten fünf Kindern in Israel das Leben. »Kinder sind immer unschuldig« begründete er diesen beispiellosen Schritt menschlicher Größe. Die Familie Khatib entschied sich für Versöhnung gegen Hass und Rache. Dabei hatte Ismail Khatib ein schweres, von Gewalt geprägtes Leben im Flüchtlingslager Jenin, in den besetzten palästinensischen Gebieten, hinter sich. Traumatisch war für ihn die fast vollständige Zerstörung des Lagers durch die israelische Armee im Jahr 2002. Seine Entscheidung für die Organspende traf nicht nur auf Zustimmung. Diese Geste bedurfte nicht nur innerer Überwindung, sondern auch des Mutes. In der explosiven, konfliktgeladenen Atmosphäre der israelischen Besatzung gab es auch Unverständnis in der eigenen Familie, bei Nachbarn und Freunden. Die Geschichte von Achmed und Ismail wurde inzwischen auch verfilmt und soll eine Brücke schlagen zwischen Palästinensern und Israelis, denn sie zeigt, dass der Wunsch nach Leben und Frieden den Hass überwiegen kann. Der Film trägt den Titel »Herz von Jenin« und hat viele Preise erhalten. Inzwischen hat Ismail seinen Beruf als Automechaniker aufgegeben und kümmert sich hauptberuflich um Kinder und Jugendliche in Jenin, um sie aus der Spirale der Gewalt zu holen. Wir haben Ismail

Khatib und seine Familie besucht und sein Jugendzentrum unterstützt.

Diese Beispiele einer Kultur des Friedens sind hier nur exemplarisch aufgeführt, man findet sie auch in Asien und in Afrika. Es wird Zeit, dass wir eine Landkarte des Friedens entwickeln, die die Menschen an ihren Orten sichtbar macht, die den Frieden leben.

Aufruf für ein »Menschenrecht auf Frieden«

Die Gesellschaft Kultur des Friedens hat gemeinsam mit dem ehemaligen Generaldirektor Federico Mayor eine Kampagne für das Menschenrecht auf Frieden ins Leben gerufen und dem ehemaligen Generalsekretär der UNO Kofi Annan tausende Unterschriften überreicht. Darunter sind zahlreiche Friedens-Nobelpreisträger, Künstler und internationale Persönlichkeiten. Dieses Menschenrecht auf Frieden steht im September 2015 auf der Agenda der Vereinten Nationen. Auch auf dem Stuttgarter Kirchentag im Juni 2015 werden wir dafür werben.

Am 10. Dezember 1948 wurde von den Vereinten Nationen die Allgemeine Erklärung der Menschenrechte verabschiedet. Mehr als 50 Jahre danach sind wir immer noch weit entfernt von der Verwirklichung der Menschenrechte für alle. Das »Recht auf Leben« wird in Kriegszeiten außer Kraft gesetzt. Dieser Widerspruch und die damit verbundene Aushöhlung der Menschenrechte muss durch die Anerkennung eines »Menschenrechts auf Frieden« überwunden werden: KRIEGE MÜSSEN ILLEGAL WERDEN!

Wir sind der Überzeugung, dass Frieden eine unabdingbare Voraussetzung für die Verwirklichung der Menschenrechte ist und fordern von den Vereinten Nationen, das »Recht auf Frieden« in die Charta der Menschenrechte aufzunehmen. Staaten und Regierungen müssen darauf verpflichtet werden, Konflikte ausschließlich mit politischen Mitteln zu lösen, um das Recht, in Frieden zu leben, für alle zu verwirklichen.

Wir alle sind aufgefordert, frühzeitig Gewaltzuständen, Intoleranz und Ungerechtigkeit in unserer Gesellschaft entgegenzutreten und weltweit den Kult der Gewalt durch eine »Kultur des Friedens« zu ersetzen, um dazu beizutragen, »künftige Generationen vor der Geißel des Krieges zu bewahren«, wie es in der Charta der Vereinten Nationen geschrieben steht.

EUGEN DREWERMANN:

Wir sind hier, Nein zu sagen – Rede zur Demonstration vor dem Bundespräsidialamt (13.12.2014)

Meine sehr verehrten Damen und Herren,
liebe Freundinnen und Freunde des Friedens,

angesagt für heute hat der Wetterdienst die Auswirkungen eines Sturmtiefs über dem Atlantik: starker Wind und sehr viel Regen. Wir stehen hier heute vor dem Palais des Bundespräsidenten, um eben das zu sagen und zu genau dem beizutragen: Vor transatlantischen Verwirbelungen sollten wir beginnen uns zu schützen, statt uns in ihrem Sog vom Kurs des Friedens immer weiter abdriften zu lassen, und denen, die da sagen: »Kriege sind zu führen aus Verantwortung«, möge der Gegenwind dieses Protestes die Lügenworte von den Lippen wehen; ihre geplante Militarisierung des Bewusstseins der Bevölkerung wird buchstäblich ins Wasser fallen. So viel an uns liegt, werden wir nicht aufhören, dafür zu sorgen.

Gewiss, die Mainstream-Medien werden uns marginalisieren und bagatellisieren, aber was will man auch von eingekauftem NATO-Journalismus schon erwarten? Sie werden schadenfroh vermelden, dass die Teilnehmerzahlen der Friedenskundgebungen im ganzen eher rückläufig seien. Doch das stimmt nicht, wir stehen hier mit mehr als 3500 Demonstrationsteilnehmern. Und selbst wenn's äußerlich so scheinen möchte – die Wahrheit ist: Jeder von Ihnen vertritt Zigtausende weitere in diesem Lande, die nicht anders denken als wir alle: Schluss mit dem Krieg als Hintertür der Politik. Raus endlich und endgültig aus Afghanistan. Stoppall der sogenannten Auslandseinsätze. Man rettet nicht durch Töten Menschenleben. Mit Bomben kann man Friedhöfe, doch keinen Frieden schaffen.

80 Prozent der Deutschen halten nach wie vor die 13 Jahre Bundeswehr zur Sicherheitsverteidigung am Hindukusch für einen Frevel, nicht allein für einen Fehler. Sie wollen nicht, dass wir pure Wirtschaftsinteressen als recht verstandene Humanität verhökern und für Bodenschätze in Mali, für Erdöl im Nahen Osten, für geostrategische Zielsetzungen in der Ukraine, für Müllverklappung, Handelsrouten und für Fischfangrechte vor Somalia und anderen von uns selber ruinierten Staaten wie Libyen und Syrien Truppen entsenden und auf viele Jahre hin im Einsatz halten. Sie finden unverantwortlich, dass wir das Mittelmeer von Jahr zu Jahr mehr in ein Massengrab von Tausenden von Flüchtlingen verwandeln und dann mit »Frontex« militärisch den Wohlstandskontinent Europa an seinen Außengrenzen gegen das anbrandende Elend abzuschotten suchen.

Wir wollen gegen den Islamismus die Werte des christlichen Abendlandes verteidigen? In diesen Vorweihnachtstagen bleiben alle Friedensphrasen aus Kanzlerinnen-, Präsidenten- und Erzbischofs-Ansprachen solange hohle Heuchelei, als sie das Gegenteil der eigentlichen Weihnachtsbotschaft meinen und betreiben. Die lautet, dass man Gott nur ehrt, wenn Friede ist unter den Menschen, und dass nur die ihn finden werden, die unverdrossen an Gnade glauben und Gewalt verweigern. So sagt die Bibel, so sagen das die Engel, um vorweg zu intonieren, was im Sinne Jesu nötig sei, uns von der Furie endloser Kriege zu erlösen: das klare Gegenteil der »Friedenspolitik« Octavians, des, wie er hieß, Augustus, dieser Leitfigur imperialen Denkens im Abendland bis heute. Wer irgendeine wahre Weihnacht will, der kann die Pax Americana nur verachten. Verteidigung des christlichen Abendlandes – so sähe sie aus:

»Wir haben eine internationale Verantwortung. Wir müssen uns engagieren. Wir dürfen nicht wegsehen.« So sagen unisono Frau Merkel, Herr Gauck, Herr Steinmeier, Frau von der Leyen, Ex EKD-Präses Herr Huber, Kardinal Marx in München – ausnahmslos alle die Entscheidungsträger, die hochkarätigen Berater wie Herr Ischinger auf der alljährlichen Münchener »Sicherheits«-, also Kriegs- und Aufrüstungskonferenz, die arbeitsplatzschaffenden Rüstungslobbyisten und vor allem die im Geheimen wirkenden Think-Tanks wie die Atlantikbrücke, die American Academy, das Aspen Institut, die Deutsche Gesellschaft für Auswärtige Politik und all die anderen CIA-gesteuerten Infiltranten rund um den Reichstag. Sie haben ihr höchstes Interesse daran, dass unsere Volksvertreter weder das Volk noch die Menschen vertreten, sondern sich selbst nur noch als die Marionetten der Macht und als die Claqueurs des Kapitals gebärden.

Verantwortung weltweit? O ja, die hätten wir als größte Wirtschaftsmacht Europas. Was aber macht daraus Frau Merkel? Durch sie sind wir der drittgrößte Waffenexporteur der Welt geworden, und wenn Herr Gabriel auch nur versucht, die ärgsten Auswüchse – Panzer nach Saudi-Arabien zum Beispiel – durch parlamentarische Kontrolle zu reduzieren, pfeift ihn das Wehgeschrei von Rheinmetall, EADS und MBB sofort zurück. Auf dieser Erde, zur Erinnerung an die Verantwortung, die wir tatsächlich haben, verhungern jährlich etwa 50 Millionen Menschen; jeder von ihnen ist das Opfer fahrlässiger Tötung, denn so müsste es nicht sein, sorgten die uns Regierenden für faire Austauschrelationen auf dem Weltmarkt und unterbänden sie die zynische Ausbeutungsstrategie der international agierenden Konzerne. Dann aber müssten sie ihre eigenen neokolonialen und imperialen Machtspiele aufgeben; dann müssten sie sich weigern, Herrn Stoltenbergs Diktat von Wales ganz einfach abzunicken, alle NATO-Staaten hätten ihre Verteidigungsanstrengungen ab sofort auf zwei Prozent des Bruttosozialprodukts zu steigern. Wenn wir Verantwortung auf europäisch oder deutsch zu buchstabieren suchen, haben wir Anderes und Besseres zu tun, als die Hegemonialansprüche der USA mitzutragen und mitzufinanzieren.

Also wirklich: »Putin bedroht den Weltfrieden!« Die Rüstungsausgaben Russlands liegen bei 80 Milliarden Dollar, die der USA allein bei etwa 500 Milliarden Dollar, zuzüglich noch der versteckten Milliarden-Ausgaben für die weltweiten Ausspäheinrichtungen des Pentagon und der NSA, für die Geheimoperationen der CIA, für die Militarisierung des Weltraums durch die NASA, für die Entwicklung immer ausgefeilterer und mörderischerer Waffensysteme. Und als wäre auch das noch nicht genug, müssen jetzt schon die NATO-Staaten rund 300 Milliarden Euro an Ausgaben nur für das Militär tätigen. Alles zusammen mithin das Zehnfache der Militärausgaben Russlands! Wer also hat da Grund, sich vor wem zu fürchten?

Die NATO werde nicht einen Zentimeter nach Osten verschoben, hatte Bush der Ältere Gorbatschow 1989 zugesichert, und Genscher ging davon aus, dass bei der Wiedervereinigung Deutschlands das Gebiet der neuen Bundesländer frei von Militäreinrichtungen bleiben würde, wie es die Friedensbewegung in der Neuruppiner Heide in rund 20 Jahren Widerstand gegen die Bundeswehrpläne eines Bombodroms für ihr Terrain tatsächlich durchgesetzt hat. Wir hatten damals, 1989, die außerordentliche Chance, ganz Europa vom Ural bis zum Atlantik abzurüsten. Ein unerhörtes Potenzial an Geld, an Wirtschaftsleistungen, an Waren und an Wissen hätte zur Lösung all der dringlichen Probleme dieser Welt – sprechen wir nur von Mangelernährung, Trinkwasserknappheit, Analphabetismus, Unterentwicklung, Umweltzerstörung und Überbevölkerung – zur Verfügung stehen können. Heute stehen Raketen in Polen und in Tschechien, heute umschlingt die NATO in elf Staaten wie ein Krake die Westgrenze Russlands, etabliert sie ihre Militärstützpunkte in Kasachstan, Kirgistan und Usbekistan. Hat da nicht Herr Platzeck recht, wenn er vor einem falschen Machtdenken des Westens warnt?

Es sind die USA, die ihre Selbstdurchsetzung als die einzige verbliebene Großmacht nach den über 40 Jahren des Kalten Krieges sich zum Ziel gesetzt haben, und zwar anstelle des Friedens auf Kosten des Friedens, erklärtermaßen gegen den Frieden. Verantwortung weltweit für die Menschen, das heißt daher als erstes: Austritt aus dem weltweit operierenden Militärbündnis der NATO. Es dient nicht der Verteidigung, es hat einzig den Zweck der Machtausdehnung der westlichen Welt gegen den Rest der Welt. Und das ist es, was die Bevölkerung in Deutschland nach zwei Weltkriegen im 20. Jahrhundert wohl immer noch weder begreift noch je begreifen will: Krieg ist für sie in jeder Form und immer ein Verbrechen. Das ist kein Nachkriegspazifismus, wie die Leitartikler in den Qualitätsmedien der Republik so gerne schreiben, das ist ein ethisch und religiös begründeter prinzipieller Pazifismus im Vorfeld jeder Aufrüstung, jedweder Kriegsvorbereitung und jeglicher Kriegshandlung. Nichts von all dem dient der Selbstverteidigung Deutschlands, wie das Grundgesetz es allenfalls als Bedingung einer gewissen (Ab-)Wehrbereitschaft vorsieht; es dient erkennbar dem Eingriff in die inneren Angelegenheiten fremder Staaten sowie dem direkten Angriff auf missliebig gewordene Regimes, die oft genug zuvor noch als Verbündete in die grausamsten Stellvertreterkriege getrieben wurden, wie die Iraker gegen den Iran der Ayatollahs oder die Mudschaheddin gegen die Sowjets in Afghanistan. Erst züchtet man sich seine Bluthunde, bildet sie aus, trainiert sie, und wenn sie bissig werden oder nicht gehorsam genug kuschen, muss man im Antiterrorkrieg sie notschlachten. Soll das als Weisheit der US-Regierung und als NATO-Strategie weiterhin durchgehen? Niemals mit unserer Billigung.

»Man marschiert nicht in fremde Staatsgebiete ein«, erklärt Friedensnobelpreisträger Obama mit Blick auf die Krim und den Donbass. Aber wer marschierte denn ein in Vietnam, in den Irak, wie nebenbei in Somalia, in Grenada und in Panama, in Afghanistan, ein zweites Mal dann in den Irak? Und wer belog dabei die Welt vom Tonking-Zwischenfall beginnend über die Babys in kuwaitischen Krankenhäusern über den serbischen Hufeisenplan bis hin zu den Massenvernichtungswaffen Saddam Husseins? Die Zahl der Getöteten und Verletzten in US-amerikanischen Militäreinsätzen nach 1965 geht in die Millionen und selbst die materiellen Hinterlassenschaften ihrer Aggressionen fordern immer neue Opfer – Fehlgeburten und Verkrüppelungen durch das dioxinhaltige Agent Orange der Entlaubungsaktionen entlang dem Ho Chi-minh-Pfad, durch das abgereicherte Uran der panzerbrechenden Granaten im Süden des Irak und im Kosovo, Tote und Verstümmelte durch die Minen in Afghanistan, deren Lage die Bundeswehr als ihr taktisches Geheimnis weiter peinlich hütet – ausgerechnet diese Bundeswehr muss jetzt, nach Merkels, Steinmeiers und von der Leyens Plänen, 100 deutsche Soldaten in den Nordirak schicken, um denen beizubringen, wie man Minen entschärft. Erst mussten wir den bedrohten Kurden von der KDP Schnellfeuerwaffen und Panzerabwehrraketen liefern, jetzt müssen wir sie ausbilden, um mit unseren Waffen effizient genug umzugehen. Das alles unter Bruch des Grundgesetzes, ohne UN-Mandat und ohne jede internationale Rechtsgrundlage.

»Wir müssen Unschuldige vor dem Terrorstaat des IS schützen«, so lautet die Parole der vermeintlichen Verantwortungsethiker. Aber war und ist denn der Schutz von Kurden oder Yesiden je ihr Ziel gewesen? Zum ersten Mal bombardiert aus der Luft wurden die Kurden 1925 von den Briten

– sie hatten rund um Mossul Erdöl entdeckt; das Giftgas, mit dem Hussein in Chalabscha ein Massaker anrichtete, kam aus amerikanischen Beständen in die Hände des Diktators, und die Verteidiger in Kobane, weil sie der PKK angehören, gelten noch immer als Mitglieder einer terroristischen Vereinigung. Natürlich, sie kämpfen ja auch nur für die politische Unabhängigkeit eines Volkes von 17 Millionen Menschen mit einer Jahrtausende alten Kultur. Das aber darf nicht sein – es beträfe den NATO-Partner Türkei, und so erklärt man es für Verantwortung, in einem erbitterten Bürgerkrieg Öl ins Feuer zu gießen. Zwei Nachbarn gehen mit gezückten Messern aufeinander los; dann dient es der Befriedung aus Verantwortung, sie mit Schwertern auszustatten? Der amerikanische Antiterrorkrieg, der niemals etwas anderes war und ist als ein verkappter Krieg um Bodenschätze und um Herrschaftszonen, hat allererst den Terrorismus groß gemacht.

Man ehrte kürzlich in hehren Worten Mandela als Freiheitshelden in Südafrika, und wirklich war er mit Mahatma Gandhi der einzige, dem es gelang, ein koloniales Unrechtsregime mit friedlichen Mitteln zu bekämpfen und abzuschütteln. Was heute Terror heißt, war in Jahrzehnten des 20. Jahrhunderts die rückentäußerte Gewalt westlicher Großmächte, die auf die Ausbeutung ihrer annektierten Gebiete freiwillig nicht verzichten wollten. – Im Irak unter Saddam Hussein zum Beispiel gab es eine säkulare Diktatur, die in den Willkürgrenzen der Briten, Sunniten und Schiiten, Kurden und Araber als eine eigene Nation zusammenschweißen musste; es gab dort keine Terroristen, bevor die Amerikaner sie in ihrem völkerrechtswidrigen Krieg im Jahr 2003 selbst erschufen. – Seitdem allerdings gilt der Satz, den Mandela ursprünglich zu den Israelis im Umgang mit den Palästinensern sagte: »Aus jedem getöteten Terroristen erwachsen zehn lebende Terroristen.« Er gilt nicht minder und erst recht für den US-amerikanischen *War on terror.*

Auf geradezu furchtbare Weise zeigt sich seit langem nicht nur die Nutzlosigkeit dieser Kriegsführung, es erweist sich vor allem die komplette Unmöglichkeit, mit den Mitteln der Gewalt die Welt verbessern zu wollen. Es ist die gleiche Lektion, die man auch den Kämpfern des IS entgegenhalten müsste: »Ihr mögt mit allen Mitteln glauben, das Böse zu bekämpfen, Ihr werdet, wenn Ihr ganz buchstäblich über Leichen geht, das Böse nicht verringern, nur vermehren.« – Bei jedem Krieg glauben die Kombattanten jeweils sich im Recht, den anderen im Unrecht, und sie merken immer erst zu spät, dass sie mit all den Grausamkeiten, die sie selbst verüben, ganz von allein die Teufel werden, die sie zu bekämpfen meinen. Man muss die Bösen töten, dann wird die Welt verbessert? Im Gegenteil, so pervertiert sich selbst die beste Absicht, wenn sie denn je bestand, in Teufelei. Jeder Krieg korrumpiert die Werte, für die man ihn zu führen vorgibt.

Eben damit begann die Urtragödie des 20. Jahrhunderts, deren wir gerade jetzt gedenken, dass es nach 1918 immer noch Kreise gab, die den Großen Krieg gewonnen zu haben glaubten, statt einmütig zu sagen: »Wir haben beim industrialisierten Hinmorden von etwa 10 Millionen Menschen in den Materialschlachten von Verdun und an der Somme allesamt unsere Menschlichkeit verloren«, oder, wie Erich

Maria Remarque 12 Jahre später schrieb: »Wenn das möglich war, ist alles umsonst, was wir von Platon bis Schopenhauer jemals als Kultur bezeichnet haben. Sechs Wochen Drill haben genügt, uns zu wilden Tieren, zu Mördern zu machen.«

Soldatischer Gehorsam – das ist der Begriff, der jedes Militär außerhalb der moralischen Ordnung stellt. Eigentlich müssten die Amerikaner es wissen: Als sie 1946 in Nürnberg die Nazi-Granden befragten, erhielten sie immer wieder die Antwort: Befehl ist Befehl. Es ist wahr – jede Armee existiert unter der Zuchtrute dieser Devise; die amerikanischen Ankläger aber erklärten zu Recht diese Haltung für den Ursprung aller Verbrechen: Man kann seine Persönlichkeit, sein Gewissen, seine Verantwortung nicht an der Garderobe der Geschichte wie ein Kleid abgeben, das sich gegen Uniform und Stahlhelm tauschen ließe. Wann aber und wo taten Soldaten jemals etwas anderes? Selbst den medizinisch geschulten Folterern in den Gefängnissen der CIA in Polen, Syrien, Ägypten und Afghanistan bescheinigen ihre konservativen Verteidiger vom Schlage Bushs und Cheneys gerade, dass sie nur Patrioten waren und als solche lediglich verrichtet haben, was zu tun man ihnen auftrug. Wir sind die Guten – da die Bösen, bei jedem Krieg herrscht dieser Wahn zur Legitimation im Einsatz aller Mittel. Dabei zerfällt, was Menschen einen sollte, zu einer Waffe, die zum Tödlichen die Menschen voneinander trennt. Morden aus Menschlichkeit – absurder, krimineller und perverser geht es nicht.

Eben deshalb, Herr Gauck, Frau von der Leyen und im Hintergrund Frau Merkel, werden Sie bei dem Versuch der Umerziehung Deutschlands fürs erste, und, ich hoffe, wohl für immer scheitern. Seit 1955 hat man uns im Kalten Krieg erzählt, wir müssten, zum Schutze unserer Freiheit, versteht sich, Soldaten werden, um niemals zu tun, was sonst Soldaten tun. Also hatten wir das Schlimmste zu lernen, bis hin zum Einsatz atomarer, biologischer und chemischer Waffen, um durch glaubhafte Abschreckung jede Aggression von außen zu verhindern. Wie aber kann man glaubhaft abschrecken ohne die Bereitschaft, die angedrohten Untaten im gegebenen Falle auf Befehl hin auch wirklich zu verüben? Und was waren das für Politiker, die, wie J. F. Kennedy in der Kuba-Krise, die atomar bestückten Bomber des Strategic Air Command mit dem Angriffsziel Moskau bereits in der Luft hatten? Wir haben den Kalten Krieg gewonnen? Wir haben im Verlauf der 45 Jahre, da er dauerte, sämtliche Skrupel außer Kraft gesetzt. Wir haben schlechterdings uns selbst verloren.

Das haben wir. Und jetzt? Ab 1989 schrecken wir nicht ab, wir schrecken vor nichts mehr zurück. Wer heute zur Bundeswehr geht, kann sich nicht länger vormachen, er lernte all die Scheußlichkeiten seines Jobs nur, um sie niemals anwenden zu müssen; ab 1989 wird er töten müssen. Man schickt ihn nicht zum Brunnenbau oder zur Einschulung von bildungswilligen intelligenten Mädchen nach Mittelasien, Nordafrika oder, wer weiß, als Speerspitze der NATO gegen Russland; man schickt ihn in die ganze Welt, um, egal wie viele Menschen dabei sterben, die Marktinteressen der Konzerne und der Banken durchzusetzen. Demokratie? Eher Plutokratie! Eher Kratokratie! Eher die Oligarchie von rund 200 Milliardären, die so tun, als wenn die Welt ihnen gehörte.

Doch die uns Regierenden haben ein Problem, das den Konflikt verschärft: Es melden sich immer weniger »Freiwillige« zum »Bund«. Deshalb sah schon Baron von und zu Guttenberg in seiner Zeit als Kriegsminister keinen anderen Ausweg, als die, wie er in Aussicht stellte, kostengünstige Umwandlung der Wehrpflichtarmee in eine Berufsarmee zu betreiben.

Seitdem sind Soldaten wieder das, was ihr Name besagt: Söldner des Todes, Auftragskiller, Profis im Vernichten von Menschen, deren Tätigkeiten zunehmend denn auch von den Privatarmeen sogenannter Sicherheitsdienste übernommen werden, – ein Drittel der US-amerikanischen Soldateska im Irak bestand aus solchen Dienstleistern im Security Service. Doch daraus entsteht ein Motivations- und Rekrutierungsdebakel: nicht genügend Jugendliche finden, mit Horaz gesprochen, es »süß und ehrenvoll, fürs Vaterland zu sterben«; nicht mal die Freistellung von Mädchen für die Abenteuer des Soldaten- und des Landsknechtslebens löst die Rekrutierungsklemme. Also hat Frau Merkel ihre ehemalige Familienministerin in die Pflicht genommen, als erste weibliche Kriegsministerin das Militär in der Mitte der Gesellschaft ankommen zu lassen. Jedoch das Militär bleibt, was es ist: Es ist nicht die Verteidigung der zivilen Ordnungen und Werte, es ist deren krassestmögliche Widerlegung und Beseitigung.

Genau an dieser Stelle haben wir die Chance, die Weichenstellung des bürgerlichen Bewusstseins zurück in die Steinzeit des militärischen Denkens zu blockieren. Was geplant ist, liegt vor aller Augen. Seit nunmehr schon rund 20

Jahren setzt man ganz einfach auf den Faktor der Gewöhnung. In kleinen Schritten, erst vom Checkbuch Helmut Kohls im Jahre 1991, über die ersten Sanitäter in Somalia bis zur »Verhinderung von Auschwitz«, nach den Worten Joschka Fischers bei der Bombardierung Belgrads, bis hin zu den robusten Mandaten des Krieges in Afghanistan in Schröders »unbedingter Treue zu den Vereinigten Staaten von Amerika« hat man geglaubt, die Deutschen scheibchenweise an die Realität des Krieges heranführen zu können. Aber Krieg ist nicht Friede, Dummheit nicht Weisheit, Gewalt nicht Güte, Lüge nicht Wahrheit.

Kein Krieg ist als humanitär begründbar, er ist der Begriff des Inhumanen. Alles, was sonst eindeutig als Verbrechen gilt, wird militärisch honoriert und dekoriert. Die gezielte Ermordung von über 3000 Menschen mittels sogenannter Kampfdrohnen durch den US-Commander in chief Barack Obama – darf man sie in Frage stellen? Ohne die Mitwirkung der Deutschen in Ramstein wäre sie nicht möglich, doch kann sich eine deutsche Kanzlerin erlauben, den Missbrauch deutscher Standorte der US-Army in der BRD als internationales Gangstertum zu kriminalisieren und zu sabotieren? Sie selber wäre schon 2003, als sie George Bush besuchte, im Irak-Krieg mit dabei gewesen, und Schröder hinderte nur sein Instinkt für den Machterhalt daran, den Deutschen damals schon richtige Kampfhandlungen zuzumuten.

Doch immer noch hat Deutschland sich nicht an die neue Realität des Kriegführensollens in NATO-Verlässlichkeit genügend angepasst. »Sie sind zu opferscheu«, erklärt Herr Gauck in seiner Freude, endlich einer Armee der Freiheit vorzustehen. – Herr Gauck, dem Kriegsgerede in den Massenmedien zu widersprechen, kostete weit mehr an Opfergeist als Ihre Neigung, den Mächtigen nach dem Munde zu reden, um sich billigen Beifall zu verdienen. Das Vorbild, das Sie mal als Pfarrer den Gemeinden vorstellten, war jedenfalls sehr deutlich anders als die gemeine Suffisance, mit der Sie jetzt das Militär als menschliche Verantwortung herbeizureden suchen. Sie irren, wenn Sie glauben, wir ließen uns das Militärprodukt Ihrer globalen Sicherheit und Weltverantwortung herüberreichen, wie man im Supermarkt sich Wurst und Fleischwaren über die Theke schieben lässt, ohne noch an die Schlachthöfe an der Peripherie der Großstädte zu denken. Auch wenn ihre Verantwortungs-Armee bald schon mit Kampfdrohnen eigener Herstellung in 10 000 Kilometern Entfernung gezielt zu töten vermag, werden wir umso mehr daran erinnern, dass das Töten von Menschen nichts anderes ist als das Töten von Menschen.

Die Bundeswehr familiengerecht aufstellen will und soll Frau von der Leyen. Wochenendfreizeit, Kasernengemütlichkeit, digitale Kommunikationsverbesserung – was immer ihr einfällt, es ändert absolut nichts an dem Grundproblem. Da sehen wir, familiengerecht, den Familienvater in Potsdam als Drohnenpilot seinen Tagesbefehl zum gezielten Töten, zum Vollzug einer außergerichtlichen Todesstrafe mithin, getreu seinem Eid als Soldat der BRD abarbeiten; und sein Söhnchen sitzt auf seinen Knien und lernt, wie man's macht, wie man's besser macht in 10 Jahren ... Familiengerechtes Militär? Nein, Frau von der Leyen, wir werden uns an das Töten von Menschen niemals gewöhnen als an etwas, das so hinzunehmen wäre wie die täglich rund ein Dutzend Toten im Verkehr auf Deutschlands Straßen. Inzwischen schicken Sie ihre Bildungsoffiziere in die Schulen, um den 16- und 17-Jährigen vorzustellen, welche Aufstiegschancen ihnen Ihre Bundeswehr zu bieten hätte. Doch glauben Sie wirklich, man kann die Frage, was für ein Mensch man ist, ersetzen durch die Frage nach Karriere und Profit? In Sachsen-Anhalt protestiert die CDU, dass man auf jede Propagandaschau der Bundeswehr auch jemanden aus der Friedensbewegung zu Worte kommen lassen will. Richtig, Wehrkraftzersetzung nannte man das früher. Doch genau die wollen wir, genau die betreiben wir. Wir wollen, dass das Verfassungsorgan Bundeswehr als Krebsgeschwür in unserer Verfassung ein für allemal verschwindet.

Das soll nicht realistisch sein? Und wäre nicht verantwortlich? Wir haben keine Feinde mehr, gegen die wir uns zu verteidigen hätten – wir müssen lediglich aufhören, uns so zu benehmen, dass man uns als Vorkämpfer der Osterweiterung der NATO, als willige Komplizen im Antiterrorkrieg der USA, als fügsame Gehilfen beim Durchmarsch des Kapitalismus mit all seinen scheindemokratischen Postulaten nach Deregulierung und Privatisierung in aller Welt begreifen muss.

Mut braucht's nicht mehr zum Weitermachen in der Tradition des »es war immer so«, Mut braucht's dazu, den Frieden endlich zu verstehen als Grundbedingung der Kultur. Mahatma Gandhi sagte völlig wahr: »Der Frieden ist nicht das Ergebnis, er ist eine Methode, miteinander umzugehn, und wer nicht mit ihm anfängt, kommt niemals bei ihm an.«

Mit dem Frieden anfangen, das heißt als erstes: miteinander reden. 2009 zum Beispiel, nach acht Jahren Krieg, kam man sogar in Afghanistan nach langem amerikanischem Widerstand dahinter, dass man mit den Taliban sprechen und verhandeln müsste. Sie sind, egal, was man von ihnen hält, ein Teil der Bevölkerung. Einbeziehen in eine Friedenspolitik in Afghanistan müsste man den Iran und China, und zurückdrängen müsste man den Einfluss Saudi-Arabiens mit seiner wahhabitischen Staatsreligion. Hören müsste man auf die Stammesältesten der verschiedenen, zum Teil rivalisierenden Ethnien; und vor allem: Der Bevölkerung müsste in ihrem überaus rohstoffreichen Land die Chance einer wirtschaftlichen Entwicklung geboten werden, die nicht wieder nur der Ausbeutung durch westliche Konzerne dient.

Beitragen zum Frieden können wir Deutsche insgesamt nur, wenn wir damit aufhören, als der verlängerte Arm der USA zu fungieren. Einzig wenn wir zwischen den Kriegsparteien strikte Neutralität wahren, statt als Interessenpartei aufzutreten, behalten wir die Möglichkeit zu vermitteln. Die UNO allein, stranguliert von den USA, ist zu schwach ohne den Beistand Europas. Gespräch statt Gewalt – das allein ist der Weg des Friedens. Auch der andere glaubt an Ideen und Ziele, die es ihm wert sind, zum äußersten zu gehen.

Solange wir nicht verstehen, was er will und warum er es will, eskaliert der Konflikt.

Solange »reden mit Putin« nur heißt, dass Frau Merkel zum Sprachrohr Obamas mutiert, wird nicht vermittelt, sondern man wird selbst zum Mittel moralisch verbrämter Machtansprüche.

»Assad muss weg« – wer wie Frau Clinton vor zwei Jahren solcherweise redet, redet nicht mehr mit Menschen, er redet geradewegs den Krieg herbei, den er mit allen Mitteln anheizt. Respekt vor der Tradition, dem Rechtssystem, den Denkvorstellungen, der Kultur, all derer, die erkennbar anders sind als wir, ist der Schlüssel zum Verständnis, das allein dem Frieden dient. »Wer«, fragte im 16. Jahrhundert schon der Humanist Erasmus von Rotterdam, »wenn es Krieg gibt, hält seine Sache denn nicht für die richtige.« Welch ein Wahnsinn dann, dass Kontrahenten, die am Verhandlungstisch über Recht und Unrecht sich nicht verständigen können, am Ende den effizienteren Mörder auf dem Schlachtfeld, weil er »gesiegt« hat, seine Interessen als rechtens deklarieren lassen! Die Überlegenheit der Waffen ist in sich selbst bereits menschlich monströs. Der Friede ist nicht in der Position, der Stärke zu diktieren, er ist nur auszuhandeln in der Gleichberechtigung und Gleichbehandlung aller Partner.

Sagen wir's in der Sprache der Vorweihnachtstage. In der Schule werden wir derzeit den 12- bis 14-Jährigen vielleicht erzählen, wie der heilige Franziskus handelte: Als Schnee lag meterhoch in den Averner Bergen, drangen Wölfe ein in die Hürden der Hirten, und die Männer von Gubbio zogen aus, mit Dreschflegeln und Sensen den Bestien den Garaus zu bereiten; da ging Sankt Franziskus vor ihnen her, gerad zu dem größten der Wölfe, umarmte ihn und sprach: »Bruder Wolf, nur weil du Hunger hast, hast du das getan.« So handeln die Heiligen, sagen wir den Kindern; sie umarmen das Leid, sie sehen seine Gründe, sie bekämpfen das Böse in seinen Ursachen, nicht in seinen Symptomen. Aber dann, nur zwei Jahre später, wollen wir Bundeswehroffiziere auf dieselben Kinder loslassen? Jetzt soll es heißen: »Glaubt nicht den Legenden von Engeln und Heiligen. Frieden ist Kampf; nur der Bewaffnete und Stärkere verdient, in Ruhe zu leben; ihr müsst stark sein! Nicht Wölfe umarmen, sie umzulegen ist Bürgerpflicht.«

Es ist eben diese Schizophrenie, die unsere Kultur, unsere Gesellschaft, unsere Politik als eine ständige Doppelbödigkeit und Widersprüchlichkeit durchzieht, solange wir uns die Option des Krieges offenhalten. »Wenn du den Frieden willst, rüste zum Krieg.« So sagte man in des Augustus' Tagen. Wenn irgend wir als Christen, Menschenfreunde, Bürger leben wollen, verlangen wir die Abschaffung des Militärs. »Dies«, meinte 2001 der Dalai Lama zu den Anschlägen von Nine eleven, »ist eine große Chance der Nicht-Gewalttätigkeit.« Was wäre, wenn die einzig verbliebene Weltmacht, für die sich die US-Amerikaner halten, mitsamt uns, den Trabanten ihres Imperiums, entscheiden würde für den Frieden? Es wäre nicht das nur Gesinnungsethische, wie Gauck und Huber, wie Machtpolitik und Kirche sagen, es wäre das in Wahrheit einzige, was als Verantwortung durch die Geschichte gehen kann. Irgendwann muss Schluss sein.

Im Jahre 1947 schrieb Wolfgang Borchert im Krankenhaus zu Basel eine Art Vermächtnis an die Menschheit. Er war zerbrochen an der Last des Zweiten Weltkriegs und hätte nicht geglaubt, dass wir mit Offizieren von der Art des Juli 1944 uns eine Bundeswehr im Kampf gegen das Unrecht dieser Welt halluzinieren könnten. Er hatte all die Lügen dieser Generäle, Patrioten und Politiker ein und für allemal leid. Und so schrieb er in seiner Zeit für alle Zeit, hier sinngemäß wiedergegeben:

»Mann an der Werkbank, wenn sie wiederkommen und dir sagen, du sollst statt Kochgeschirren und Wasserrohren Handgranaten und Kanonen ziehen, Mann an der Werkbank, sag Nein.

Mutter in Deutschland, Mutter in der Ukraine, wenn sie wiederkommen und dir sagen, du sollst Kinder gebären, Jungen für die Schützengräben, Mädchen für die Spitäler, Mutter in Deutschland, Mutter in der Ukraine, sag Nein.

Mann im Labor, Mann am Katheder, wenn sie wiederkommen und dir sagen, du sollst den neuen Tod erfinden gegen das alte Leben, Mann im Labor, Mann am Katheder, sag nein.

Und Pfarrer auf der Kanzel, wenn sie wiederkommen und dir sagen, du sollst den Krieg rechtfertigen und die Waffen segnen, Pfarrer auf der Kanzel, sag Nein.

Denn wenn Ihr nicht Nein sagt, wird alles immerzu so weitergehen, wird die Blutmühle der menschlichen Geschichte sich endlos weiterdrehen, wird sich der Krieg an all dem, was wir menschlich nennen, in monströser Weise weitermästen.«

Wir sind hier, Nein zu sagen. Wir sind hier, um Tucholsky recht zu geben: Soldaten sind Mörder. Wir sind hier, um zu propagieren, was im Bundestag allein die Linkspartei vertritt: nicht einen Pazifismus der verlorenen Kriege, sondern einen Pazifismus der nie zu gewinnenden Kriege, einen Pazifismus nicht der Resignation, sondern der Hoffnung, gerichtet gegen den Zynismus der Macht, geschuldet auf immer der Menschlichkeit. Wir sind hier, um zu sagen: Nicht in unserem Namen. Nicht mit unserer Stimme. Und nie, niemals mit unserer Zustimmung.

Ich danke Ihnen sehr, meine lieben Freundinnen und Freunde des Friedens. Ich wünsche Ihnen eine gute Weihnacht und ein wirklich Neues Jahr. – Raus aus Afghanistan. Raus aus der NATO. Schluss mit den Auslandseinsätzen. Stopp der Waffenexporte. Schluss mit der Rüstungspolitik. Das wäre das wirklich Neue, auf das wir warten, für das wir hier waren und für das wir, wenn nötig, solange wiederkommen werden, bis sie's begreifen. Der Frieden ist die Zukunft. Der Krieg ist die Vergangenheit. Bleiben Sie, was Sie sind, meine Freunde.
Bleiben Sie sich treu.

KONSTANTIN WECKER:
Der Frieden braucht eine Revolution

»Ich dachte immer, jeder Mensch sei gegen den Krieg, bis ich herausfand, dass es welche gibt, die dafür sind, besonders die, die nicht hineingehen müssen«, sagte Erich Maria Remarque, Autor des Anti-Kriegs-Romans »Im Westen nichts Neues«. Das trifft den Punkt. Wer von denen, die heute dafür plädieren, Deutsche müssten ihre Verantwortung in der Welt vor allem tötend und sterbend stärker wahrnehmen, zieht denn schon persönlich in den Krieg? Wie zu allen Zeiten schickt man »unsere Jungs« in die Schlacht. Über die »Notwendigkeit von Kriegen« schwadronieren gesetzte Damen und Herren aus sicherem Abstand, das blutige Geschäft müssen dann andere verrichten.

Und wie zu allen Zeiten ist das erste Opfer im Krieg die Wahrheit. Laut Spiegel Online teilte im April 2014 Jay Carney, Sprecher des Weißen Hauses, mit, es gäbe »erdrückende Beweise« dafür, dass Russland in der Ostukraine Unruhe stifte. Erinnert die Wortwahl nicht fatal an jene »erdrückenden Beweise«, die George W. Bush den Vorwand zum Einmarsch in den Irak lieferten? Das ist über zehn Jahre her, und es ist erschreckend, wie lückenhaft das Gedächtnis der Menschheit ist, wenn es um Kriegslügen geht. Der Angriff auf den Irak seit dem 20. März 2003 und die Besetzung durch die USA haben einer halben Million Iraker das Leben gekostet, sagt eine US-Studie. 500 000 IrakerInnen sind ermordet worden – aus humanitären Gründen, wie es hieß. Sie sollten ja von einer Diktatur befreit werden. Befreite Tote?

Wer es, wie ich, damals gewagt hatte, den Krieg und das Vorgehen der USA zu kritisieren, wurde als antiamerikanischer Verschwörungstheoretiker und als Saddam Husseinversteher verunglimpft. Heute weiß man, dass George W. Bush mehrere hundert PR-Agenturen beauftragt hatte, um pazifistischen »Weicheiern« und anderen antimilitaristischen Zweiflern den Krieg schmackhaft zu machen. Heute wird das gleiche »Spiel« wieder gespielt. Und statt der Hussein- sind nun Putinversteher ins Visier der Bellizisten geraten. Als gäbe es nichts Schlimmeres als den Versuch, die andere Seite zu verstehen (was ja nicht mit Zustimmung zu all ihren Taten gleichzusetzen ist). Ich bin genauso wenig ein Putinfreund, wie ich im Irakkrieg den Diktator Hussein unterstützt habe. Ich bin ein Freund des Friedens und Verfechter der Gewaltlosigkeit.

Glaubt denn wirklich noch irgendein aufgeklärter Mensch, dass wir um der Demokratie willen streiten und bomben? Hans-Peter Dürr, der leider unlängst verstorbene große Physiker, Umwelt- und Friedensaktivist, schrieb: »Man braucht kein Pazifist zu sein, um zu erkennen, dass Krieg in seiner heute üblichen hoch-mechanisierten Overkill-Form nicht mehr rational als Problemlöser fungieren kann, da durch ihn, in der Regel, vor allem Unschuldige, jetzt und auch künftig Lebende, getroffen werden und nicht die vermeintlichen oder gar eigentlichen Schurken. Mit Superkeulen, die großzügig und indifferent Lateralschäden in Kauf nehmen, lassen sich, ganz nüchtern betrachtet, Menschenrechte schlicht nicht erzwingen.«

Karl Kraus, der die Manipulation der Massen in den Zeiten des Ersten Weltkriegs durchschaute und wie kein anderer messerscharf analysierte, sagte: »Wie wird die Welt regiert und in den Krieg geführt? Diplomaten belügen Journalisten und glauben es, wenn sie's lesen.« Wir täten heute gut daran, uns auf Karl Kraus zu besinnen. »Als einer der Pioniere der Medienkritik hatte er erkannt, dass die Medien die Wirklichkeit nicht abbilden, sondern erzeugen, dass Meinungen und Stimmungen nicht einfach entstehen, sondern gemacht werden«, schreiben Matthias Bröckers und Paul Schreyer in ihrem lesenswerten Buch «Wir sind die Guten«.

Seit Jahrzehnten beschäftige ich mich bewusst mit Nachrichten und Zeitungen: Niemals habe ich annähernd eine derartige Propagandaschlacht erlebt wie heute. Es ist erschreckend zu sehen, wie sich manche Leitmedien, obwohl sie mit zum Teil sehr klugen Kommentaren überhäuft werden, penetrant weigern, ihre Leser ernst zu nehmen. Noch ist allenthalben viel gesunder Menschenverstand, sind Mitgefühl und kluge Zurückhaltung in der Bevölkerung verbreitet. Aber durch den Dauerbeschuss mit Un- und Halbwahrheiten kann man den Menschen diese Eigenschaften auch nach und nach aberziehen. Wie macht man ein friedliebendes Volk kriegslüstern? Man hat dies unter anderem zu Beginn des Ersten Weltkriegs gesehen: durch Propaganda, durch Erfindungen und Lügen, durch die Erschaffung eines Feindes. War es nicht immer schon so? Die Menschen wollen keinen Krieg, bis man dieses Wollen durch gezielte PR in die richtigen Bahnen lenkt.

Maßlos enttäuschend verhält sich in diesem Zusammenhang vor allem Bundespräsident Joachim Gauck, der den kriegsunwilligen Deutschen im Juni 2012 gar unterstellte, »glückssüchtig« zu sein. War es diese unverhohlene Kriegsbereitschaft, die man an der bundespräsidialen Spitze unseres Staates mit seinem für manche Kreise so hinderlichen Grundgesetz haben wollte? Vielleicht waren es Sätze wie diese, die Gauck scheinbar plötzlich zum Konsenskandidaten aller neoliberal gesinnten Parteien machten: »Und in diesem Kampf für Menschenrechte oder für das Überleben unschuldiger Menschen ist es manchmal erforderlich, auch zu den Waffen zu greifen.« Der Pastor, der Christ Gauck, wollte als »Widerstandskämpfer« seinerzeit sicher auch alle Schwerter zu Pflugscharen machen. Aber anscheinend nur kommunistische. Mit kapitalistischen Schwertern lässt es sich trefflich kämpfen.

Nie im Leben hätte ich gedacht, dass ich einmal einem evangelischen Pfarrer einen Satz eines Papstes zur Besinnung vor Augen halten würde. »Der Krieg ist Wahnsinn«, rief Papst Franziskus während einer Messe an der italienischen Gedenkstätte für die Gefallenen des Ersten Weltkriegs in Fogliano Redipuglia vor 100 000 Menschen aus. Mit einer vehementen Anklage gegen Waffenhändler und Kriegshetzer gedachte der Pontifex der Toten aller Kriege. Und er zog Parallelen zu jener Epoche, deren (trauriges) Jubiläum wir 2014 feierten. Wie 1914 entstünden auch heute Kriege durch geopolitische Pläne, Geldgier, Machthunger und die Interessen der Waffenindustrie. »Die Geschäftemacher des Krieges verdienen damit viel Geld und haben durch ein verdorbenes Herz das Weinen darüber verloren«, sagte Franziskus, der mir immer mehr aus dem Herzen spricht.

Während das Volk mit Brot und Spielen gefüttert wird – wobei es mit dem Brot speziell für die wachsende Schicht der Armen im Land hapert –, dealt die Große Koalition fleißig weiter mit Waffen: für »lupenreine Demokratien« wie Saudi Arabien, Algerien und Singapur. Mit diesen Waffen wird gemordet, das kann man sich schön reden, wie man will. Sie werden in der jeweiligen Region weiterverkauft, ohne dass Deutschland auch nur irgendeine Form der Kontrolle darüber hätte. Vermutlich will man das aber auch gar nicht. Zu große Zurückhaltung beim Töten könnte Arbeitsplätze in der heimischen Rüstungsindustrie gefährden.

Eine neue »Kultur des Krieges« entsteht gerade, wie es Jakob Augstein in einem seiner hervorragenden Kommentare benannte. Eine Kultur des Krieges, in die sich auch die Grünen – einst die Partei Petra Kellys –, einreihen, etwa mit Cem Özdemirs infamer Bemerkung, Kriege könnten »nicht mit Yogamatten« gewonnen werden. In einer Zeit, in der es mehr bewaffnete Konflikte gibt als je zuvor, wird nun aus allen Ecken wieder auf den Pazifismus eingeprügelt. Anstatt sich ernsthaft Gedanken zu machen, wie der Friede vorbereitet werden kann, denkt man in bestdotierten Think-Tanks darüber nach, wie man neue Märkte erschließen kann: mit Waffen, mit Gewalt und der immer gleichen Anmaßung, sich auf der Seite des Guten zu wähnen. Und ein armer, missbrauchter Gott wird wohl bis in alle Ewigkeit die Waffen segnen müssen – vorzugsweise für beide Varianten des »Guten«. Wo bleibt da der Gott der Liebe, des Verzeihens und Erbarmens, wie er etwa von Jesus gelehrt wurde, der sich eher verletzen und töten ließ, als auch eine einzige

Verletzung eines seiner Feinde zuzulassen? Vergessen, verjagt, ausgeklammert aus Gehirnen, die sich von der Logik des Krieges haben kolonialisieren lassen.

Uns wird weisgemacht, dass Frieden noch immer das Endziel westlicher Politik sei – selbstverständlich erst, nachdem mit Waffengewalt eine gerechte Ordnung in den Konfliktregionen geschaffen wurde. Was wäre aber, wenn eine andauernde Instabilität im Nahen Osten geradezu erwünscht wäre, um militärische Dauerpräsenz damit zu rechtfertigen? Was wäre, wenn es ohne die westliche Politik das augenblickliche Hauptproblem der stets gedemütigten Kurden, den »Islamischen Staat« (IS), gar nicht gäbe? »Jahrelang haben die USA die Waffenlieferungen Saudi-Arabiens und anderer Golfstaaten an syrische Terroristen wohlwollend durchgewinkt«, schreibt Jürgen Todenhöfer, ehemaliger Bundestagsabgeordneter der CDU. »Saudi-Arabien – Deutschlands angeblicher ›Stabilitätsanker‹ – besitzt ja Waffen im Überfluss. Vor allem westlicher, auch deutscher Produktion. Aus einigen dieser von den Saudis ausgerüsteten Organisationen entstand ISIS, die sich später in ›Islamischer Staat‹ (IS) umbenannte.« Was wäre, wenn wir einige der Waffen, die wir jetzt an die bedrängten Kurden liefern, schon bald in den Händen islamistischer Kämpfer sehen würden – etwa in Mali, Zentralafrika oder Nigeria? Was wäre, wenn all dieser Wahnsinn wohlgelitten wäre, um immer wieder aus »humanitären Gründen« eingreifen zu können, wieder Waffen verkaufen zu können und die Welt in Unruhe zu halten? Es wäre ehrlicher, zuzugeben, dass das kapitalistische System immer wieder Kriege braucht, um sich am Leben zu halten.

Was derzeit geschieht, macht mir Angst. Wenn die maßvollen und vernünftigen Kräfte es nicht schaffen, eine gewaltige internationale Friedensbewegung auf die Beine zu stellen, die ein eindeutiges »Mit uns nicht!« skandiert, kann es passieren, dass Europa wieder in einem Krieg verbrannt wird. Ansätze zu einer solchen wünschenswerten Friedensbewegung gibt es ja bereits. Diese plädierte Ende 2014 gegen Waffenlieferungen in den Nordirak und stattdessen für eine »humanitäre Intervention, die ihren Namen wirklich verdient«. Diese solle die Bundesregierung »mit hohem finanziellem und personellem Einsatz bestreiten«, heißt es in einer Erklärung. Gefordert wird, »alle nach Berlin« einzuberufen, »die ein solches Engagement großzügig und kompetent stemmen können: unter anderem die etablierten Hilfsorganisationen und die Gruppen der Zivilgesellschaft«. Auch ich plädiere für eine entschiedene Ausweitung der bisherigen Hilfe, etwa durch feste Flüchtlingscamps, stabile Lazarette inklusive medizinischer Versorgung, Unterstützung des Alltagslebens und anderes. »Flüchtende, die die Region verlassen wollen, sind zu unterstützen«, heißt es in der Erklärung. »Ihnen ist Asyl oder ein humanitäres Aufenthaltsrecht gemäß der Genfer Flüchtlingskonvention zu gewähren.«

Natürlich werden viele wieder behaupten, dies sei ungenügend – naiv ohnehin. Aber man muss eben einmal damit beginnen, den Frieden zu schaffen, auch wenn dies bisher versäumt wurde. Deutschland gibt pro Jahr über 30 Milliarden Euro für Militär aus, aber nur 29 Millionen für den Friedensdienst. Das sagt eigentlich alles. Eine friedliche Welt ist dem freien Markt und seinen Kriegsgewinnlern immer schon ein

Dorn im Auge gewesen. Die Abgeordnete der Linken, Sevim Dagdelen, schreibt: »Wir leben in einer Vorkriegszeit. Das spüren immer mehr Menschen in diesem Land. Unsere Aufgabe ist es, die Lügen, die die neuen Kriege mitvorbereiten, zu entlarven. Damit die Mehrheit der Bevölkerung, die Krieg als Mittel der Politik ablehnt, die keine Auslandseinsätze und Rüstungsexporte will, endlich zu ihrem Recht kommt.«

Auch um der nur allzu offensichtlich kriegsfreundlichen Meinungsmache in den großen Medien etwas entgegenzusetzen, haben wir uns entschlossen, dieses Buch herauszugeben. Unser »Duett« soll zu einem ganzen Chor aufrechter und kluger Stimmen aus Vergangenheit und Gegenwart anschwellen, der mit aller Vehemenz für die Sache des Friedens eintritt. Wir glauben weiter an die Kraft der Veränderung. Ungehorsam ist nun gefragt. Wir sollten Schulen des Ungehorsams gründen, um ein Gegengewicht gegen die die Seele deformierenden Gehorsamsschulen des Militärs zu schaffen. Zuallererst müssen wir uns gegen die Nebelkerzen wehren, mit denen wir täglich beschossen werden. Aber, wenn sich der Nebel endlich gelichtet hat, sind wir dann auch bereit, aufzustehen? Was wäre, wenn der Friede kein Wunder bräuchte, sondern eine Revolution?

AUTORENREGISTER MIT QUELLENNACHWEISEN

Franz von Assisi (1181–1226) war der Begründer des Ordens der Minderen Brüder (Franziskaner) und wird in der römisch-katholischen Kirche als Heiliger verehrt.
S. 53: »Friedensgebet«

Ingeborg Bachmann (1926–1973) war eine in Österreich geborene Lyrikerin und Erzählerin.
S. 67: »Alle Tage«, aus: Ingeborg Bachmann. Werke, Bd. 1. Gedichte © 1978 Piper Verlag GmbH, München.

Wolfgang Borchert (1921–1947) war ein Dichter der Generation des Zweiten Weltkriegs. Der als Soldat in Russland verwundete und später wegen Defätismus verurteilte Autor wandte sich nach dem Krieg dem Kabarett und Theater zu.
S. 63–66: »Dann gibt es nur eins!«, aus: Wolfgang Borchert. Das Gesamtwerk, hg. von Michael Töteberg unter Mitarbeit von Irmgard Schindler © 2007 Rowohlt Verlag GmbH, Reinbeck bei Hamburg.

Matthias Claudius (1740–1815) war ein deutscher Dichter und Publizist, der einen schlichten, volkstümlichen Ton pflegte, sehr im Gegensatz zu den literarischen Strömungen seiner Zeit.
S. 54/55: »Kriegslied«

Claire Goll (1891–1977) war eine deutsch-französische Schriftstellerin und Journalistin und die Ehefrau des Dichters Yvan Goll.

S. 60: »Der neue Tod«, aus: Mitwelt, Berlin-Wilmersdorf: Die Action 1918.

Arno Gruen, 1923 in Berlin geboren, emigrierte 1936 in die USA, wo er 1961 als Psychoanalytiker bei Theodor Reik promovierte. Er war als Professor und Therapeut an verschiedenen Universitäten, Kliniken und in seiner Praxis tätig, bis er 1979 in die Schweiz übersiedelte. Für seine Arbeiten über den Verlaust des Selbst, den Wahnsinn der Normalität und den Verlust des Mitgefühls, wie auch der Entstehung von Gewalt und Terror erhielt er den Geschwister-Scholl-Preis der Stadt München in 2001. Er lebt und praktiziert heute in Zürich.
S. 114–127: »Wie Frieden?« – der Textbeitrag basiert auf einem Vortrag anlässlich der Verleihung des »Loviisa Peace Prize 2010« an den Autor am 7. August 2010 in Finnland.

Ellen Diederich, 1944 in Dortmund geboren, engagiert sich seit 1961 für Frieden und Gerechtigkeit, Frauen- und Menschenrechte, gegen Herrschaftsstrukturen, Krieg und Gewalt. Initiatorin des Internationalen Frauenfriedensarchivs.
S. 142–152: »Ein Leben als Pazifistin«

Dr. Eugen Drewermann arbeitet seit dem Entzug seiner Lehrerlaubnis und Suspension vom Priesteramt als Therapeut und Schriftsteller. Er gehört zu den erfolgreichsten theologischen Autoren und ist ein gefragter Referent.
S. 173–192: »Wir sind hier, Nein zu sagen« – Rede zur Demonstration am 13.12.14 vor dem Bundespräsidialamt in Berlin auf Einladung von IALANA (International Association Of Lawyers Against Nuclear Arms), Deutsche Sektion.

Heike Hänsel, geboren 1966, Entwicklungshelferin, seit 1988 Mitwirkende bei der Gesellschaft Kultur des Friedens, seit 2005 Bundestagsabgeordnete (DIE LINKE) in Berlin, u.a. Vorsitzende des Untersuchungsausschusses für die Vereinten Nationen und Globalisierung.
S. 163–172: »Für ein Menschenrecht auf Frieden«

Dr. Margot Käßmann, von 1999 bis 2010 Landesbischöfin Hannover, Ehrendoktorwürde 2002, 2002 bis 2011 Präsidentin der Zentrale für Recht und Schutz der Kriegsdienstverweigerer, 2009 bis 2010 Ratsvorsitzende der EKD; Lehrauftrag in Atlanta/USA; seit 2011 Gastprofessur in Bochum, seit 2012 Botschafterin des Rates der EKD für das Reformationsjubiläum 2017, Bestsellerautorin.
S. 85–108: »Plädoyer für eine Prima Ratio« – dieser Textbeitrag basiert auf folgenden Texten Margot Käßmanns: Religion als Faktor der Konfliktentschärfung. Rede zum Dies academicus, Ruhr-Universität Bochum, gehalten am 26. Oktober 2011; Gewalt überwinden: Eine Dekade des Ökumenischen Rates der Kirchen, Hannover 2001; Fantasie für den Frieden, oder: Selig sind, die Frieden stiften [Auszüge], Frankfurt/Main 2010 (edition chrismon).

Erich Kästner (1899–1974) war ein deutscher Dichter, Journalist, Kabarett- und Drehbuchautor. Nach der Teilnahme am Ersten Weltkrieg studierte er Germanistik. 1933 wurden seine Bücher verboten und verbrannt. Er erhielt Schreibverbot. Nach 1945 veröffentlichte er weiter.
S. 61: »Fantasie von übermorgen«, aus: Lärm im Spiegel © 1929 Atrium Verlag Zürich und Thomas Kästner.

Konfuzius (551–479) war der Begründer der chinesischen Staatsphilosophie.

S. 52: »Epitaph auf einen Krieger« – Übersetzung von Klabund, aus: Chinesische Gedichte. Phaidon: Wien 1954.

Else Lasker-Schüler (1869–1945) war eine wichtige Vertreterin der deutschen expressionistischen Lyrik. Nach 1933 emigrierte sie. Sie starb in Jerusalem.
S. 62: »Wir können nicht mehr schlafen« – das Gedichtfragment erschien 1958 posthum in der Neuen Zürcher Zeitung.

Martin Luther King (1929–1968) war ein US-amerikanischer Baptistenpastor und Bürgerrechtler, der zu den bedeutendsten Vertretern des Kampfes gegen soziale Unterdrückung und Rassismus zählt.
S. 68–72: »Mein Weg zur Gewaltlosigkeit«, Auszüge aus: Freiheit, Übersetzung von Ruth Rostock und Alfred Schmidt © 1964 J. G. Oncken Verlag Kassel.

Dr. Matthias Morgenroth, geboren 1972, ist Germanist und evangelischer Theologe. Als Hörfunk-Journalist ist er für den Bayerischen Rundfunk tätig, wo er vor allem über kirchenpolitische und religiöse Themen berichtet. Außerdem arbeitet er als Redakteur bei »Publik-Forum Extra«. Der Autor zahlreicher Sach- sowie Kinder- und Jugendbücher lebt mit seiner Familie in München.
S. 10–50: Das Radiointerview mit Margot Käßmann und Konstantin Wecker führte Matthias Morgenroth am 4. November 2014 für den Bayerischen Rundfunk.

Friedrich Schorlemmer, geboren 1944, Theologe, Friedenspreisträger des deutschen Buchhandels. Seine politische Biografie beginnt 1968 mit dem Protest gegen die neue Verfassung der DDR und dem Einmarsch

der Truppen des Warschauer Pakts in die Tschechoslowakei. Mitbegründer des Demokratischen Aufbruchs. Autor zahlreicher Bücher.
S. 73: »Mit der Konversion beginnen« geht auf die Schmiedeliturgie während des Umschmiedens eines Schwertes am 24.9.1983 auf dem Lutherhof in Wittenberg zurück.
S. 158–162: »Den Frieden riskieren« – der Textbeitrag ist ein Auszug aus der Friedenspreisrede, die der Autor im Oktober 1993 in Frankfurt gehalten hat.

Bertha von Suttner (1843–1914) war eine österreichische Pazifistin, Friedensforscherin und Schriftstellerin. 1905 wurde sie als erste Frau mit dem Friedensnobelpreis ausgezeichnet.
S. 56–59: Diesen Brief schrieb Bertha von Suttner an den »Frauenbund der Deutschen Friedensgesellschaft«, an dessen erster Tagung sie wegen Krankheit nicht teilnehmen konnte. Sie starb kurz darauf am 1. Juni 1914. Die Zeitschrift »Die Frauenbewegung« veröffentlichte den Brief unter der Überschrift: »Bertha von Suttners letzter Brief an die deutschen Frauen«. Der Text wurde an die neue deutsche Rechtschreibung angepasst.

Dr. Antje Vollmer, geboren 1943 ist eine deutsche evangelische Pastorin, Politikerin von Bündnis 90/Die Grünen und freie Autorin. Sie war von 1994 bis 2005 Vizepräsidentin des Deutschen Bundestages.
S. 109–113: »Kein Grund nirgends, die Pazifisten zu verachten« – eine Kurzfassung des Beitrags erschien 2014 in der taz und wurde im Deutschlandradio Kultur gesendet.

Markus A. Weingardt, geboren 1969, Dr. rer. soc.; Politik- und Verwaltungswissenschaftler, wissenschaftlicher Mitarbeiter der Stiftung Weltethos (Tübingen). Zahlreiche Veröffentlichungen, u.a. von 2006 bis

2008 als Mitherausgeber des jährlichen Friedensgutachtens der fünf führenden Friedensforschungsinstitute in Deutschland. Mitgliedschaft in kirchlichen und wissenschaftlichen Gremien der Friedenspraxis und Friedensforschung. Autoren- und Gutachtertätigkeit für verschiedene Zeitschriften. Beratungstätigkeit als Coach und Mediator.
S. 128–141: »Frieden durch Religion!? Zeit für einen Paradigmenwechsel«

Konstantin Wecker, geboren 1947, Poet, Sänger und Komponist, engagiert sich seit Jahrzehnten für Zivilcourage, Pazifismus und Antifaschismus. Er wurde mit zahlreichen Preisen ausgezeichnet, u. a. mit dem Erich-Fromm-Preis (2007) und mit dem Ehrenpreis des Bayerischen Kabarettpreises (2013). Wenn er nicht gerade on tour ist, lebt er in München. Konstantin Wecker ist Bestsellerautor.
S. 75: »Wenn unsere Brüder kommen« © Edition Fanfare Musikverlag. Mit freundlicher Genehmigung von Chrysalis Music Holdings GmbH.
S. 76–78: »Der Krieg« © Konstantin Wecker
S. 79/80: »Pazifistisches Credo« © Konstantin Wecker
S. 81–83: »Die Mordnacht von Kundus« © Konstantin Wecker
S. 193–200: »Der Frieden braucht eine Revolution«

Henning Zierock, geboren 1951, Lehrer, Leiter des Theodorakis-Chores. Initiator und Vorsitzender der Gesellschaft Kultur des Friedens. Seit Jahrzehnten in der Friedensbewegung aktiv mit zahlreichen Projekten in Konflikt- und Kriegsgebieten. Zusammenarbeit mit dem griechischen Komponisten Mikis Theodorakis und dem UNESCO-Generaldirektor Federico Mayor in der UN-Friedensdekade »Culture of Peace« (2000–2010).
S. 163–172: »Für ein Menschenrecht auf Frieden«

Jörg Zink, geboren 1922, Dr. theol., ist einer der bekanntesten evangelischen Theologen der Gegenwart. Er lebt in Stuttgart, seit 1980 als freier Publizist. Er ist Verfasser zahlreicher erfolgreicher Bücher zu Fragen der Bibel, des christlichen Glaubens und Lebens.

Bibliografische Information der Deutschen Nationalbibliothek

Die Deutsche Nationalbibliothek verzeichnet diese Publikation in der Deutschen Nationalbibliografie; detaillierte bibliografische Daten sind im Internet über https://portal.dnb.de abrufbar.

Redaktionelle Mitarbeit: Uwe Birnstein und Roland Rottenfußer

FSC
www.fsc.org
MIX
Papier aus verantwortungsvollen Quellen
FSC® C014889

Verlagsgruppe Random House FSC® N001967
Das für dieses Buch verwendete FSC®-zertifizierte Papier *EOS* liefert Salzer Papier, St. Pölten, Austria.

1. Auflage

Coverfoto: © Quirin Leppert
Druck und Einband: Friedrich Pustet GmbH & Co. KG, Regensburg
Printed in Germany
ISBN 978-3-579-07091-9

www.gtvh.de